高等中医药院校
工会工作理论与实践探索

李春湘 著

·北京·

内容简介

本书围绕高等学校工会的组织结构、基本职责、目标任务和实践要求，结合学校工会工作实践，创新导、学、爱、帮、管"五位一体"的高等学校工会工作格局，从理论遵循、举措与路径、湖南中医药大学工会实践三个维度，总结了工会工作。书中介绍了湖南中医药大学的文化建设、校园人文景观、工会活动，图文并茂，旨在将理论直观化，展示工会工作走过的历程；介绍了工会中的先进员工事迹，旨在鼓舞职工团结奋进的精神；附加了部分本校的规章制度，旨在抛砖引玉，为从事工会工作的读者同仁提供参考。

图书在版编目（CIP）数据

高等中医药院校工会工作理论与实践探索/李春湘著.—北京：化学工业出版社，2023.6
ISBN 978-7-122-43106-6

Ⅰ.①高⋯ Ⅱ.①李⋯ Ⅲ.①中医学院-工会工作-研究-中国 Ⅳ.①D412.6

中国国家版本馆CIP数据核字（2023）第042083号

责任编辑：陈燕杰　　　　　　　　　　文字编辑：何　芳
责任校对：宋　玮　　　　　　　　　　装帧设计：王晓宇

出版发行：化学工业出版社（北京市东城区青年湖南街13号　邮政编码100011）
印　　装：河北鑫兆源印刷有限公司
710mm×1000mm　1/16　印张18½　字数246千字　2023年6月北京第1版第1次印刷

购书咨询：010-64518888　　　　　　　售后服务：010-64518899
网　　址：http://www.cip.com.cn
凡购买本书，如有缺损质量问题，本社销售中心负责调换。

定　　价：98.00元　　　　　　　　　　　　　　　　版权所有　违者必究

前言

党的十八大以来，以习近平同志为核心的党中央总揽全局，协调各方，以上率下，层层推进，全面加强党的领导，深入推进党的建设新的伟大工程，进一步增强党的凝聚力、战斗力、领导力和号召力，一个更加坚强有力的党正领航中国号巨轮在实现中华民族伟大复兴的征程上劈浪前进。

党领导的改革开放全面深化，党中央进一步加强对经济建设、政治建设、文化建设、社会建设、生态文明建设、军队和国防建设等工作的领导，稳步推进各个领域、各个行业的改革创新。2014年12月28日，第二十三次全国高等学校党的建设工作会议召开；2015年7月6日，党中央第一次召开党的群团工作会议；2016年12月7日，全国高校思想政治工作会议召开；2018年9月10日，全国教育大会在北京召开；2019年10月25日，新中国成立以来第一次以国务院名义召开了全国中医药大会。每一个相关领域重要会议的召开，习近平总书记都作出了重要讲话、重要指示、重要部署。党领导的群团工作、教育工作、高等学校思想政治工作、中医药教育卫生工作得到进一步加强，尤其是党的群团工作、中医药事业迎来了真正的春天。

2017年10月18日，中国共产党第十九次全国代表大会在北京召开，从此，中国特色社会主义进入了一个新时代。新时代召唤新作为，2018年10月22日，中国工会第十七次全国代表大会在北京胜利召开，习近平总书记同中华全国总工会新一届领导班子成员集体谈话时发表了重要讲话，作出了重要指示和部署，对中国工运事业和工会工作寄予厚望。2021年7月，适逢中国共产党诞生100周年之际，中国工人出版社出版了由中华全国总工会课题组编辑的《深入学习贯彻习近平总书记关于工人阶级和工会工作的重要论述》。习近平总书记关于工人阶级和工会工作的重要论述，深刻阐述了工会工作的地位和作用、目标任务、实践要求，科学回答了工人阶级和工会工作一系列方向性、根本性、战略性的重大问题，是中国工会的根本遵循和行动指南。习近平总书记在党中央群团工作会议、全国教育大会、全国高校思想政治工作会议、全国中医药大会上的重要讲话和部署，对高等学校尤其对中医药高等院校的教育教学工作、思想政治工作、群团工作、工会工作影响深远，是高等学校开展相关工作的根本遵循和行动指南。

回顾党中央的群团工作会议以来，湖南中医药大学工会至今走过的历程、前进路线与党的指引同向，理论遵循与实践探索同行，在维护中勇于探索，在服务中砥砺前行。在学校党委和湖南省教育工会的正确领导下，学校工会工作得到学校党委的高度重视，得到学校行政的大力支持，学校工会组织担当作为，工会干部团结一心，坚持党的领导，坚持走中国特色社会主义工会发展道路，坚持党的群众路线，坚决维护教职工合法权益，竭诚服务教职工，工作上坚持依靠教职工，团结动员广大教职工岗位建功立业，服务学校人才培养与科学研究这个中心，服务于学校改革发展稳定大局，构建联系广泛、服务教职工的工会工作体系，开创了湖南中医药大学工会工作的新局面，学校工会得到上级领导的肯定和全校教职工的信赖与拥护。

本书围绕高等学校工会的组织结构、基本职责、目标任务、实践要求，结合学校工会工作的实践，主要从创新导、学、爱、帮、管"五位一体"的高等学校工会工作格局，从理论遵循、举措与路径、湖南中医药大学工会实践三个维度，进行工会工作总结。根据写作提纲的设计，书中对湖南中医药大学的文化建设、校园人文景观、工会活动进行了描写，并穿插了一些图片，旨在将理论直观化，展示工会工作走过的历程，提高书籍可读性；同时，最后一章介绍了九位工会"娘家人"的先进事迹，旨在对大学工会近年来取得的成绩进行追根溯源，为理论著作增添感情色彩。书中关于湖南中医药大学工会的制度创新成果，参考了上级有关工会法规、政策、制度等文件，结合了本校实际情况，只对本校内部有约束力，对外仅供参考，不作为指导性意见。

在中国共产党第二十次全国代表大会胜利闭幕之际，作者回顾六年多来亲历的湖南中医药大学工会工作，感慨万千。为了一份不变的信念与初心，为了一份真挚的感情与使命，撰写了《高等中医药院校工会工作理论与实践探索》一书，旨在向党汇报，意在与同事、同仁共享，更期待得到更多工会领导与专家的指教。六年多来的工会工作，有迷惘、有探索；有彷徨、有前行；有挫折、有激励；有成绩、有不足。所以在写作此书时，作者甚感艰难，在写作过程中，也难免有信息遗漏、有文字表述不妥、有信息选择不当的现象，还望同事、读者海涵。

本书的出版，得到湖南省财政厅科研专项（湘财社指〔2021〕86号）、湖南省教育厅科研基金（22C0179）、湖南省教育厅中医学国内一流建设学科及其开放基金（2022ZYX26）的资助，也是湖南中医药大学工会"百草园读书会"的创新研究成果。

作者在湖南中医药大学工会工作期间，得到了湖南省总工会、湖南省教育工会、湖南中医药大学党政工领导、同事的大力支持，得到湖南省兄弟高校工会同仁的帮助；工会工作实践部分的业绩凝聚了本校党委工作部、行政职能部门、分工会及学校同事、同仁的共同努力，作者在此一并感谢。

由于编者精力和水平有限，书中不足之处在所难免，请广大读者批评指正。

李春湘
2023年1月10日

目录

第一章
高等学校工会概述 ··········001

第一节 高等学校工会组织 ··········001
  一、高等学校工会的性质 ··········001
  二、高等学校工会的职能 ··········004

第二节 高等学校工会组织建设 ··········006
  一、高等学校工会组织建立 ··········006
  二、高等学校工会组织和工会干部的工作职责 ··········007
  三、高等学校工会会员 ··········014

第三节 高等学校工会工作与教师队伍建设的理论指导 ··········017
  一、新时代高等学校工会工作和"四有"好教师队伍建设理论 ··········017
  二、高等学校工会工作的主要路径 ··········021
  三、高等学校工会工作的主要方法 ··········022

第二章
导——坚持党的领导为核心的正确政治方向 ··········024

第一节 关于高等学校工会坚持正确政治方向的重要论述 ··········024
  一、高等学校工会"导"的科学内涵 ··········025
  二、马克思主义关于坚持党的领导的重要论述 ··········026

第二节　高等学校工会坚持正确政治方向引领的路径 …………029
　　一、坚持党对工会工作的领导，保持和增强工会组织的政治性 ……030
　　二、组织动员教职工立足岗位建功立业，保持和增强工会组织
　　　　的先进性 ……………………………………………………033
第三节　湖南中医药大学工会实践 ………………………………034
　　一、坚持中国共产党的领导，确保工会置于党的绝对领导之下 ……035
　　二、加强工会宣传教育工作，促进教职工对党的情感认同 ………036
　　三、贯彻执行党和国家的基本方略，助力服务党和国家大局 ……043
　　四、围绕高等学校立德树人的根本任务，服务学校中心和大局 ……048

第三章
学——坚持"四有"好老师队伍建设为重点的学习教育

　　　　　　　　　　　　　　　　　　　　　　　　　　　　051

第一节　关于高等学校"四有"好老师队伍建设的重要论述 ………051
　　一、高等学校教职工"学"的科学内涵 ……………………………052
　　二、高等学校"四有"好老师队伍建设的重要论述 ………………053
第二节　高等学校"四有"好老师队伍建设的路径 ………………056
　　一、准确把握"四有"好老师标准 ………………………………057
　　二、加强教师职业道德建设 ………………………………………058
　　三、广泛开展教学技能竞赛与岗位练兵 …………………………061
　　四、发挥先进典型教育引导作用 …………………………………062
第三节　湖南中医药大学实践 ………………………………………064
　　一、以文化建设锤炼教师职业道德 ………………………………064
　　二、提高教职工业务素质 …………………………………………092

三、弘扬劳模精神，大力选树先进典型 ········· 102

第四章
爱——坚持密切联系、依靠教职工的工作路线   106

第一节　坚持党的群众路线的重要论述 ········· 106
　　一、高等学校工会"爱"的科学内涵 ········· 106
　　二、坚持党的群众路线的重要论述 ········· 107

第二节　工会落实党的群众路线的举措与路径 ········· 110
　　一、牢固树立以教职工群众为中心的工作导向 ········· 110
　　二、始终坚持在思想上贴近教职工群众 ········· 110
　　三、始终坚持在工作上依靠教职工群众 ········· 111
　　四、始终坚持在作风上深入教职工群众 ········· 111

第三节　湖南中医药大学工会实践 ········· 111
　　一、发展教职工利益，增加教职工工会集体福利 ········· 111
　　二、尊重教职工意愿，保障教职工身体健康 ········· 112
　　三、整章建制，保障教职工的民主权利 ········· 113
　　四、建立工会干部联系教职工群众的制度 ········· 114
　　五、广泛开展教职工业余文体活动，满足教职工精神文化需求 ······ 114

第五章
帮——坚持维护教职工合法权益、竭诚服务教职工为出发点和落脚点   117

第一节　关于维护职工合法权益、竭诚服务职工的重要论述 ········· 117
　　一、高等学校工会"帮"的科学内涵 ········· 118

二、关于维护职工合法权益、竭诚服务职工的重要论述…………118

第二节　高等学校工会维护教职工合法权益、竭诚服务教职工的
　　　　举措与路径……………………………………………………121
　　一、维护教职工合法权益………………………………………………121
　　二、做好服务教职工的工作……………………………………………122
　　三、做好教职工和群众困难帮扶………………………………………123

第三节　湖南中医药大学工会实践…………………………………………124
　　一、切实维护教职工的合法权益………………………………………124
　　二、切实保护女职工的特殊权益………………………………………125
　　三、竭诚服务教职工……………………………………………………128
　　四、做实困难教职工和特殊群体帮扶工作……………………………130

第六章
管——健全联系广泛、服务教职工的工会工作体系

第一节　健全联系广泛、服务职工工会工作体系的重要论述…………134
　　一、高等学校工会"管"的科学内涵……………………………………134
　　二、构建联系广泛、服务职工工会工作体系的历史背景
　　　　及主要内容…………………………………………………………136

第二节　构建联系广泛、服务职工工会工作体系的举措和路径…………139
　　一、加强基层工会建设…………………………………………………139
　　二、深化工会改革创新…………………………………………………140
　　三、加强工会干部队伍建设……………………………………………140

第三节　湖南中医药大学工会实践……………………………141
　　　一、加强基层工会建设………………………………141
　　　二、加强工会制度建设………………………………144
　　　三、加强工会干部队伍建设…………………………145
　　　四、推动工会改革创新………………………………148
　　　五、加强改进工会财务和经审工作…………………151

第七章

湖南中医药大学工会工作成效与体会　153

　　第一节　学校工会工作成效……………………………………153
　　　一、学校工会综合工作获得的荣誉…………………154
　　　二、学校工会会员近三年在上级组织的教学竞赛中获得的奖励……155
　　　三、学校工会制度建设日趋完善……………………157
　　第二节　学校工会工作经验……………………………………241
　　　一、认真落实习近平总书记关于工人阶级与工会工作的
　　　　　指示精神……………………………………………241
　　　二、建设一支既热爱工会工作又带头立足岗位建功立业的
　　　　　工会干部队伍………………………………………244
　　第三节　关于高等学校工会工作的思考………………………280

参考文献　283

第一章

高等学校工会概述

第一节 高等学校工会组织

一、高等学校工会的性质

2018年10月26日，中国工会第十七次全国代表大会通过的《中国工会章程》总则规定"中国工会是在中国共产党领导下职工群众自愿结合的工人阶级群众组织，是党联系职工群众的桥梁和纽带，是国家政权的重要社会支柱，是会员和职工利益的代表"。中国工会十七大报告指出，坚持增强政治性、先进性、群众性的工会改革方向，是推动工会工作创新发展的根本要求。从政治性、先进性、群众性三个方面定义了新时代工会的性质。

中国教育工会是以我国教育系统广大教职工为主要服务对象的产业工会，是教职工自愿结合的工人阶级群众组织，是党联系教职工的桥梁和纽带，是推动我国教育事业创新发展、培养社会主义建设者和接班人的可靠力量。

高等学校工会是中国教育工会的基层组织，是高等学校教职工自愿结合的工人阶级的群众组织，是党联系高等学校教职工的桥梁和纽带，是高等学校工会会员和教职工利益的代表,是高等学校"教职工之家"。

1. 工会的政治性

工会的政治性是其基本属性。中国工会明确它是中国共产党领导下的工人阶级的群众组织。中国工会高举中国特色社会主义伟大旗帜,以马克思列宁主义、毛泽东思想、邓小平理论、"三个代表"重要思想、科学发展观、习近平新时代中国特色社会主义思想为指导,贯彻执行党的以经济建设为中心,坚持四项基本原则,坚持改革开放的基本路线,保持和增强政治性、先进性、群众性,坚定不移走中国特色社会主义工会发展道路,推动党的全心全意依靠工人阶级的根本指导方针的贯彻落实。坚持自觉接受中国共产党领导,承担团结引领职工听党话、跟党走的政治责任,巩固和扩大党执政的阶级基础和群众基础。

中国工会落实新时代党的建设总要求,以党的政治建设为统领,全面加强党的建设,增强政治意识、大局意识、核心意识、看齐意识,坚定道路自信、理论自信、制度自信、文化自信,坚决维护习近平总书记党中央核心、全党的核心地位,坚决维护党中央权威和集中统一领导,在思想上政治上行动上同以习近平同志为核心的党中央保持高度一致。

2. 工会的先进性

工会的先进性是基于新时代工会承担的历史使命而确定的。高等学校工会的先进性主要体现在以下三个方面。

首先,中国工会必须与时代同频共振。中国工会按照中国特色社会主义事业"五位一体"总体布局和"四个全面"战略布局,贯彻创新、协调、绿色、开放、共享的发展理念,把握为实现中华民族伟大复兴的中国梦而奋斗的工人运动时代主题,弘扬劳模精神、劳动精神、工匠精神,动员和组织职工积极参加建设和改革,努力促进经济、政治、文化、社会、生态文明建设;代表和组织职工参与国家和社会事务管理,参与企业、事业单位和机关的民主管理;教育职工践行社会主义核心价值观,不断提高思想道德素质、科学文化素质和技术技能素质,推进产业工人队伍建设改革，建设有理想、有道德、有文化、有纪律的职工队伍，不断发展工人阶级先进性。

其次，中国工会以忠诚党的事业、竭诚服务职工为己任。中国工会的基本职责是维护职工合法权益、竭诚服务职工群众。中国工会坚持以改革创新精神加强自身建设，构建联系广泛、服务职工的工作体系，增强团结教育、维护权益、服务职工的功能，坚持群众化、民主化，保持与会员群众的密切联系，依靠会员群众开展工会工作。坚持把党的群众路线作为工会工作的生命线和根本工作路线，坚持以职工为本，全心全意为基层、为职工服务，坚持把工会组织建设成为深受群众信赖的学习型、服务型、创新型"职工之家"。

再次，作为工人阶级的一部分，中国中医药高等学校教职工本身具有天然的优势。高等学校是高级知识分子聚集比较集中的地方，新中国知识分子已经成为中国工人阶级的一部分，他们沐浴党的阳光雨露，以马克思主义为信仰，以中国特色社会主义的共同理想和共产主义远大理想为信念，具有以爱国主义为核心的民族精神和以改革创新为核心的时代精神，思想道德素质和文化程度高，服务社会的能力强，是培养社会主义建设者和接班人最可靠的力量。中医药高等院校的教职工长期受中华优秀传统文化的熏陶，对生命的敬畏思想和大医精诚精神培养了他们德高术仁、奉献社会和人民的高尚品格与本领。

3.工会的群众性

工会的群众性是《中华人民共和国工会法》（以下简称《工会法》）赋予它的性质。

首先，《工会法》第二条明确规定，"工会是中国共产党领导的职工自愿结合的工人阶级群众组织"。高等学校工会会员具有广泛性，工会的覆盖面包括所有教职工，有条件的高等学校广泛吸纳在本校工作的外籍教师、农民工入会，以巩固和扩大党领导高等学校的群众基础。

其次，高等学校工会群众性的核心体现在代表广大会员和教职工群众的正当利益，维护教职工合法权益，竭诚服务教职工群众等方面。教职工是高等学校工会组织的主体，会员和教职工群众对工会的信赖和支持是高等学校工会安身立命的基础。

再次，工会组织内部的民主性体现了高等学校工会的群众性。高等学校工会是学校教职工代表大会的工作机构，是学校民主管理的机构，这种民主体现在：一是工会会员按自愿的原则入会；二是工会各级组织按照民主集中制的原则建立；三是高等学校工会的各级干部由民主选举产生，工会组织内部成员之间地位平等，会员管理工会内部事务，实行会员群众办会；四是工会一切活动要从会员意愿和要求出发，吸纳会员群众共同参与；五是工会工作方法与国家机关、行政部门的不同点在于，工会采用宣传、教育、引导、沟通、协商的方法而非行政命令。

二、高等学校工会的职能

《中国工会章程》总则规定：中国工会"全面履行工会的社会职能，在维护全国人民总体利益的同时，更好地表达和维护职工的具体利益，团结和动员全国职工自力更生、艰苦创业，坚持和发展中国特色社会主义，为全面建成小康社会、把我国建设成为富强民主文明和谐美丽的社会主义现代化强国、实现中华民族伟大复兴的中国梦而奋斗。"

1. 维护服务职能

高等学校工会要在维护全国人民总体利益的同时，更好地表达和维护教职工的具体利益，从根本上说，全国人民的总体利益与教职工的具体利益是一致的，是相辅相成的。高等学校工会要以忠诚党的教育事业、竭诚服务教职工为基本职责，坚持组织起来、切实维权的工作方针，坚持以教职工为本、主动依法科学维权的维权观，切实维护教职工的政治、经济、文化和社会权益。特别在当前"两个大局"面前，要引导教职工正确处理国家、学校集体和个人三者之间的关系，处理好整体利益与局部利益，眼前利益与长远利益的关系，促进学校的和谐发展和教职工个人的全面自由发展的统一。

2. 建设职能

中国共产党的阶级基础是工人阶级。坚持全心全意依靠工人阶级的方针，是中国共产党的一个突出政治优势，是我们党的一贯主张。充分发挥工人阶级主力军作用，把广大职工群众紧紧团结在党和政府周围，是中国特色社会主义的一个鲜明特点。《中国工会章程》总则规定"中国工会按照中国特色社会主义事业'五位一体'总体布局和'四个全面'战略布局，贯彻创新、协调、绿色、开放、共享的发展理念，把握为实现中华民族伟大复兴的中国梦而奋斗的工人运动时代主题，弘扬劳模精神、劳动精神、工匠精神，动员和组织职工积极参加建设和改革，努力促进经济、政治、文化、社会、生态文明建设"。中医药高等学校要切实履行人才培养、科学研究、服务社会与人民、文化传承与创新的职能，完成党交给的立德树人的根本任务，需要广大教职工的理解、支持和参与。中医药高等学校工会要按照2018年9月10日全国教育大会精神和2019年10月25日全国中医药大会精神，动员和组织广大教职工担负起培养社会主义建设者和接班人的根本任务，传承中医药精华、守正创新，积极参加学校各项改革，积极推进中医药综合改革示范区建设，引导和支持教职工带头践行社会主义核心价值观，争做党和人民满意的好教师、好医生，为健康中国建设、为实现中华民族的伟大复兴贡献中医药高等学校的力量。

3. 参与职能

《中国工会章程》总则规定："中国工会代表和组织职工参与国家和社会事务管理，参与企业、事业单位和机关的民主管理"。"中国工会维护工人阶级领导的、以工农联盟为基础的人民民主专政的社会主义国家政权，协助人民政府开展工作，依法发挥民主参与和社会监督作用"。高等学校工会作为中国教育工会的基层组织，要依照法律的规定，深入贯彻落实《学校教职工代表大会规定》，不断拓展教代会内容，健全教代会的组织制度，推进高等学校二级教代会制度的建立。坚持党、政、工联席会议制度，代表和组织教职工参加学校重大改革方案、涉及教职工切身利益的政策、措施的制订，充分反映教职工的意愿与诉求。同时，扎实推进校务公开、院务公开，切实保障教职工的知情权、参与权、表达权和监督权，保障教职工充分行使当家作主的权利。

4.教育职能

《中国工会章程》总则规定："中国工会教育职工践行社会主义核心价值观，不断提高思想道德素质、科学文化素质和技术技能素质，推进产业工人队伍建设，建设有理想、有道德、有文化、有纪律的职工队伍，不断发展工人阶级的先进性"。中医药高等学校工会要按照2018年9月10日全国教育大会的精神要求，不断深化教育教学改革，按照习近平总书记2014年9月9日在与北京师范大学师生代表座谈会上提出的，成为一名党和人民满意的好老师要有理想信念、有道德情操、有扎实学识、有仁爱之心的"四有"要求，积极协助学校党委、行政，突出培育高尚师德，健全师德师风建设长效机制，进一步开展各类教师教学竞赛和教师培训，提高教师教书育人的本领。进一步激发教师投身教育改革的积极性，保障教师合法权益，使教师真正成为阳光下最光辉的职业。引导教师严谨笃学、潜心教学、潜心科学研究、潜心医疗，把全部精力献给中医药高等教育事业，自觉服务国家的教育和卫生事业，服务经济社会发展和人民健康，努力成为党和人民满意的好教师、好医生。

第二节　高等学校工会组织建设

一、高等学校工会组织建立

高等学校工会是我国教育工会基层组织，根据《工会法》和《中国工会章程》建立学校工会委员会。民主选举主席一人，副主席和委员若干人。高等学校工会依法取得法人资格，工会主席为法定代表人。

高等学校工会的组织机构名称是中国教育工会××××××委员会。高等学校工会组织可根据高等学校二级党组织分布情况在二级学院、机关、后勤、教辅单位建立分工会和工会小组，根据工作需要建立各种专门工作委员会，如组织、宣传教育、劳保福利、文化体育、青年工作、民主管理、女职工委员会，负责完成相关工作任务。

高等学校工会是党领导下教职工的群众组织，实行"上级工会和同级党组织双重领导，以同级党组织领导为主"的组织原则，依照《工会法》和《中国工会章程》独立自主开展工作。高等学校工会与高等学校行政是两类不同性质的组织，前者是群众组织，后者是行政组织。两者通过亲密合作、相互协商、相互尊重、相互支持、相互监督，共同服务于高等学校的建设和发展。

高等学校工会会员代表大会选举产生经费审查委员会，经费审查委员会设主任一人，委员若干人；主任由经费审查委员会全体会议选举产生，按同级工会副职级配备。经费审查委员的选举结果与工会委员会的选举结果同时报上级教育工会批准。

学校女职工委员会与工会委员会同时建立，在工会委员会领导下开展工作，接受上级教育工会女职工委员会指导，任期与工会委员会相同。女职工委员会委员由工会委员会提名，在充分协商的基础上组成或者选举产生。女职工委员会主任由工会女主席或者女副主席担任，也可以经民主协商，按照同级工会副主席相应条件选配女职工委员会主任。

二、高等学校工会组织和工会干部的工作职责

（一）工会委员会的职责

1.组织教职工深入学习马克思列宁主义、毛泽东思想、邓小平理论、"三个代表"重要思想、科学发展观和习近平新时代中国特色社会主义思想，贯彻党的基本理论、基本路线、基本方略，团结引导教职工

听党话、跟党走。

2.培育和践行社会主义核心价值观，深入细致地做好教职工的思想政治工作，开展理想信念教育，实施道德建设工程，提高教职工的综合素质，使之努力成为党和人民满意的"四有"好教师。

3.加强以教职工代表大会为基本形式的民主管理工作，深入推进学校内部事务公开，落实职工的知情权、参与权、表达权、监督权。

4.做好教职工维权工作，开展集体协商，构建和谐劳动人事关系，协调处理劳动人事争议，推动解决教职工技能培训、工资福利、安全健康、社会保障以及职业发展、民主权益和精神文化需求等问题。强化困难教职工的帮扶工作，维护女教职工的特殊利益。

5.弘扬劳模精神、劳动精神、工匠精神，营造劳动光荣的社会风尚和精益求精的敬业风气，开展劳动和教学技能竞赛，开展群众性的技术创新、技能培训活动。

6.加强工会组织建设，建立健全工会内部运行和开展工作的各项制度，做好会员的发展、接转、教育和会籍管理工作，加强对专（兼）职工会干部和工会积极分子的培养，深入开展"教职工之家"和"教职工小家"创建活动。

7.做好服务教职工工作，倾听教职工意见，反映教职工诉求，协助党政办好教职工集体福利事业，开展困难职工帮扶，组织教职工参加疗休养、健康体检，为教职工办实事、做好事、解难事。

8.收好、管好、用好工会经费，管理使用好工会资产，加强工会经费和工会资产的审查、审计、监督工作。

（二）工会经费审查委员会的工作职责

1.按照《工会法》的有关规定，监督工会收好、管好、用好工会经费，监督工会认真执行财经纪律及工会有关规章制度。

2.审查工会的财务预算、决算。

3.督促工会定期报告财务工作，公布账目，检查工会委员会对会员大会或会员代表大会关于财务工作决议的贯彻执行情况。

4.对工会财务管理提出改进意见和建议。

5.宣传党和国家的财务方针政策及工会的规章制度，维护财经纪律，保证工会财产的保值增值。

6.完成领导交办的其他工作。

（三）女职工委员会的基本职责

1.贯彻落实《女教职工劳动保护特别规定》，帮助解决女教职工的特殊困难，关注女职工身心健康，做好关爱帮困工作，依法维护女职工的合法权益和特殊利益。

2.组织实施女职工提升素质建功立业工程，开展自尊、自强、自爱、自立"四自"教育活动，全面提高女职工的思想道德、科学文化和业务技能，积极投身学校的改革发展。

3.围绕夫妻和睦、尊老爱幼、科学教子、邻里互助等主要内容，开展家庭文明建设工作。

4.加强工会女职工工作的理论政策研究；关心女职工成长进步，积极发现、培养、推荐女性人才。

（四）高等学校工会干部岗位职责

工会主席岗位职责

1.负责主持工会的日常工作。

2.负责召集工会委员会议，讨论和布署工作。

3.根据上级工会的布置，主持制定和执行教育工会工作计划，进行工作总结。

4.坚持党的群众路线，经常深入教学、科研和管理一线，了解教职工的愿望和诉求，关心他们的思想、工作、学习和生活，为教职工排忧解难，维护好教职工的合法权益，保障教职工按规定享有的正常福利待遇。

5.发挥工会的教育职能，加强教职工队伍建设，积极做好教职工的思想政治工作，抓好业务学习，广泛开展普法教育，突出培育高尚师德，进一步提高教师的职业道德水平和教书育人本领。

6.把握为实现中华民族伟大复兴的中国梦而奋斗这个我国工人运动的时代主题，紧紧围绕学校中心工作，充分调动教职工的积极性、主动性和创造性，发挥教职工在教育综合改革中的主力军作用。

7.根据《工会章程》组织筹备召开会员大会或者会员代表大会，组织工会委员会的选举工作，主持起草工作报告，向大会报告工作。

8.加强学校民主管理工作，按照《教代会规定》的要求，建立和完善教职工代表大会制度，强化校务公开工作，组织和代表教职工积极参政议政。主持和召开教职工大会或教职工代表大会，听取学校行政和工会工作报告，对涉及学校改革发展和教职工利益等重大问题提出意见和建议，切实保障教职工的知情权、参与权、表达权和监督权。

9.组织开展经常性的有益教职工身心健康的文体活动和其他各项活动，满足教职工的精神文化需求。

10.积极向同级党组织和上级工会请示汇报工作，加强与学校行政和各职能部门的联系，争取他们对工会工作的支持。

11.严格执行工会财务制度，管好用好工会经费。

12.完成同级党组织及上级工会交办的其他任务。

工会副主席岗位职责

1.协助主席主持工会日常工作，抓好工会的常规工作。

2.协助主席制定工会和执行教育工会工作计划。

3.密切联系教职工群众，关心教职工工作和生活，听取教职工的意见和诉求，积极为教职工排忧解难，切实维护他们的合法权益，更好为教职工服务。

4.组织学习、传达上级工会的有关指示精神，协助学校党政抓好教职工思想作风建设和队伍建设，提高教职工的政策理论水平和业务能力。

5.协助主席定期召开工会委员会议，加强工会组织建设和工会自身建设，提高服务教职工的能力和水平。协调好工会与各有关部门的关系。

6.协助主席筹备召开会员大会、会员代表大会和教职工代表大会，检查教职工代表大会决议、提案处理的落实情况，组织教职工积极参政议政，及时向学校党政领导和工会主席反映群众意见和要求，维护职工的根本利益。在校务公开、民主评议领导干部工作中发挥积极参与和监督作用。

7.做好工会工作人员的分工和协作工作。

8.完成同级党组织、上级工会和主席交办的其他任务。

组织委员岗位职责

1.负责工会开展的各项活动的组织工作。

2.审查、接受新会员，管理会员会籍，办理发放会员证和会员转退手续。

3.审查工会换届选举的候选人资格和新委员分工，抓好工会组织建设，健全民主生活。

4.制定并组织实施工会干部、工会工作积极分子、会员代表和职工代表教育培训计划，努力加强工会干部队伍建设，提高工会干部的综合素质和工作能力。

5.经常深入教学、管理和科研一线听取教职工的意见和诉求，及时向工会委员会反映，切实维护教职工的合法权益。

6.配合做好教职工代表大会代表资格的审查工作，监督和推动教职工代表大会各项决议和提案的落实。

7.完成领导交办的其他工作任务。

宣传委员岗位职责

1.组织学习和宣传马克思列宁主义、毛泽东思想、邓小平理论、

"三个代表"重要思想、科学发展观，贯彻落实习近平总书记系列重要讲话精神，培育和践行社会主义核心价值观，提高教职工思想政治素质。

2.以师德教育为重点，组织开展社会公德、职业道德、家庭美德等个人品德教育，做好学校各类先进典型的发掘、评比表彰和宣传工作。

3.加强工会宣传阵地建设，围绕学校改革和发展的中心工作和工会工作重点，开展宣传活动。负责工会各项重要会议、重大活动和文体活动的宣传报道。

4.加强与当地主流媒体的联系，推动工会工作的对外宣传报道工作，扩大工会的影响力。

5.负责工会宣传资料和上报资料档案管理工作。

6.完成领导交办的其他工作。

文体委员岗位职责

1.负责制定并组织实施教职工文体活动计划。

2.组织开展经常性的教职工业余文艺体育活动，增强教职工身体和心理素质，营造和谐的校园文化氛围，满足教职工的精神文化需求。

3.负责组队参加校外举行的各种文体竞赛活动，宣传和扩大学校影响。

4.负责工会开展工作或活动所需的场地、器材、物资的采购准备工作。

5.组织文化体育工作的经验交流，总结和推广群众体育先进经验，努力探索群众性文体活动的新途径。

6.完成领导交办的其他工作。

福利委员岗位职责

1.关心教职工生活，了解和反映教职工的合理意见和要求，维护他们的合法权益，保障教职工按规定享有正常的福利待遇。

2.深入了解和准确掌握困难教职工和劳模等的生活情况，协助有关部门做好教职工和劳模的困难补助、慰问和扶贫帮困，做好工会节日慰问等工作。

3.积极帮助教职工解决迫切需要解决的实际困难和问题，减少教职工的后顾之忧。

4.完成领导交办的其他工作。

女工委员岗位职责

1.负责制定并组织实施年度女教职工工作计划。

2.贯彻落实《工会女教职工委员会工作条例》和《关于深入实施"女教职工关爱行动"的通知》，深入实施"女教职工关爱行动"，维护女教职工的合法权益，落实女教职工和儿童的各种福利待遇。

3.组织女教职工开展自尊、自强、自爱、自立"四自"教育活动，团结带领女教职工发扬"四自"精神，积极投身学校的改革发展。

4.贯彻落实好《女教职工劳动保护特别规定》，尽力帮助解决女教职工的特殊困难，维护女教职工的特殊权益。

5.深入进行调查研究，了解女教职工的工作和家庭生活情况，及时反映她们的意见建议，满足女教职工的多样化需求，促进女教职工的身心健康。

6.围绕夫妻和睦、尊老爱幼、科学教子、邻里互助等主要内容，用灵活的形式和方法引导广大女教职工建设幸福美满的家庭生活。

7.完成领导交办的其他工作。

财务委员岗位职责

1.负责编制工会财务预算和决算执行情况报表。

2.遵守财务纪律，执行财务制度，收好、管好、用好工会经费。

3.督促并协助学校财务人员及时、足额向上级工会上缴经费。

4.定期接受工会经审组织的审计，每年公布工会财务账目。

5.做好会费和其他经费的收缴管理工作。

6.勤俭节约、统筹安排，把好各项费用的支出关。

7.完成领导交办的其他工作。

安全委员岗位职责

1.负责安全生产、教职工劳动保护的监督工作。

2.定期组织工会委员对学校仓库、食堂、宿舍及办公楼进行安全检查，及时消除安全隐患。

3.广泛组织开展"安康杯"竞赛，组织人员定期对涉及安全的岗位和人员进行检查，使之尽职尽责工作，消除事故隐患。

4.做好事故应急预案，发生事故时及时组织处理，配合有关方面进行调查，并提出处理意见。

5.完成领导交办的其他工作。

三、高等学校工会会员

（一）加入工会

凡中国境内的高等学校（包括下属单位）中，以工资收入为主要生活来源或者与学校建立了劳动关系的体力劳动者和脑力劳动者，不分民族、种族、性别、职业、宗教信仰、教育程度、承认工会章程，都可以加入工会成为会员。

在我国境内高等学校的外籍教职工，凡自愿申请加入中国高等学校工会，符合会员条件的，可以按照工会章程的规定同意加入工会。

教职工加入工会，由本人自愿向所在高等学校工会小组长口头申请，填写入会申请表，通过工会小组讨论通过，报校工会委员会批准并发放会员证。

（二）高等学校工会会员享有的权利

1.选举权、被选举权和表决权。

2.对工会工作进行监督，提出意见和建议，要求撤换和罢免不称职的工会工作人员。

3.对国家和社会生活问题及本单位工作提出批评和建议，要求工会组织向有关方面如实反映。

4.在合法权益受到侵犯时，要求工会给予保护。

5.工会提供的文化、教育、体育、旅游、疗养、互助保障、生活救助、法律服务、就业服务等优惠待遇，工会给予的各种奖励。

6.在工会会议和工会媒体上，参加关于工会工作和职工关心的问题的讨论。

（三）高等学校工会会员履行的义务

1.认真学习贯彻习近平新时代中国特色社会主义思想，学习政治、经济、文化、法律、科学、技术和工会基本知识等。

2.积极参加民主管理，努力完成生产和工作任务，立足岗位建功立业。

3.遵守宪法和法律，践行社会主义核心价值观，弘扬中华民族传统美德，恪守社会公德、职业道德、家族美德、个人品德，遵守劳动纪律。

4.正确处理国家、集体、个人三者利益关系，同危害国家利益、社会利益的行为作斗争。

5.维护中国工人阶级和工会组织的团结统一，发扬阶级友爱精神，搞好互助互济。

6.遵守工会章程，执行工会决议，参加工会活动，按月交纳会费。

（四）工会会员会费交纳标准

按月交纳会费是工会会员的义务，是会员热爱自己组织的体现。会员交纳的会费可以为工会开展活动、举办工会事业提供一定数量的经费支持。

会员交纳会费的标准根据全国总工会财务部2004年7月下发的《关于机关和事业单位工会会员交纳会费问题的通知》,教育工会会员目前仍暂按全国总工会1978年颁发的《关于收交工会会费的通知》规定,按照会员本人每月工资收入的0.5%计算交纳会费。会员工资收入合计尾数不足10元部分和各类津贴、补贴、奖金等收入,暂不计算交纳会费。

下列情况可以免交会费:一是保留会籍的工会会员。二是工会会员生活发生特殊困难时,可由本人申请,小组讨论,高等学校工会委员会批准,在一定时期内免交会费。

(五)工会会员会籍管理

1. 保留会籍

保留会籍是指在工会会员既不离开工会组织,又允许其不参加工会活动的情况下,对其会籍的一种处理办法。具体有如下情况可保留会籍:一是会员离休、退休和失业,可保留会籍。二是会员经批准离开学校,长期不能参加学校工会活动的,可保留会籍。三是会员调入无工会组织的单位,可保留会籍,等调入单位建立工会后,再接转工会关系。四是因公或因私出国期满未归的会员,一般保留其会籍。

会员的组织关系随劳动(工作)关系变动,凭会员证明接转。

2. 会员退会

会员退会有下列情况:一是会员有退会自由。由本人向工会小组或分工会提出申请,由校工会委员会宣布除名并收回会员证。二是会员没有正当理由连续六个月不交纳会费、不参加工会组织生活,经教育拒不改正,应当视为自动退会。

3. 开除会籍

开除会员会籍按下列情况执行:一是对严重违法犯罪并受到刑事处

分的会员,开除会籍。二是对不执行工会决议、违反工会章程的会员,经批评教育仍不改正,或违法乱纪情节严重者,应当开除会籍。

开除会员会籍必须经工会小组讨论,提出意见,由学校工会委员会决定,报上一级工会备案。

第三节
高等学校工会工作与教师队伍建设的理论指导

百年大计,教育为本。我国高等学校是中国特色社会主义的高等学校,承担着为党育人、为国育才的重大使命。教育大计,教师为本。教师重要,就在于教师的工作是塑造灵魂、塑造生命、塑造人的工作。努力培养造就一大批一流教师,不断提高教师队伍整体素质,培养党和人民满意的"四有"好教师,担当起立德树人的任务,是当前和今后一段时间我国教育事业发展的紧迫任务。

高等学校工会是高等学校教职工自愿结合的工人阶级群众组织,是会员和教职工利益的代表,是党联系高等学校教职工的桥梁和纽带,是推动我国高等教育创新发展,培养社会主义建设者和接班人的可靠保障。高等学校工会的性质决定了它承担引领教职工听党话、跟党走的政治责任,通过宣传、教育、维护、服务、团结动员教职工,为高等学校的人才培养、科学研究、文化传承创新、服务国家经济建设而奋斗。

一、新时代高等学校工会工作和"四有"好教师队伍建设理论

(一)新时代工会工作理论

党的十八大以来,习近平总书记对党的工运事业和工会工作高度重视,深刻阐明了工会工作的地位作用、目标任务、实践要求,科学回答

了工人阶级和工会工作一系列方向性、根本性、战略性的重大问题，形成了习近平总书记关于工人阶级和工会工作的重要论述。习近平总书记关于工人阶级和工会工作的重要论述，为高等学校做好工会工作和教职工思想政治工作指明了正确方向。其主要内容如下。

一是坚持党对工会工作的领导是做好工会工作的政治原则和根本保障。强调中国共产党的领导是中国特色社会主义最本质的特征，是中国特色社会主义制度的最大优势。党是领导一切的，做好群众工作，保持党同人民群众的血肉联系，是全党重大而紧迫的政治任务。工会工作是党的群团工作、群众工作的重要组成部分，是党治国理政的一项经常性、基础性工作。各级党委要加强和改进对工会的领导，注重发挥工会组织的作用，加大对工会工作的支持保障力度，为工会工作创造更加有利的条件。

二是坚持全心全意依靠工人阶级是党和国家始终坚持的根本方针。强调工人阶级是我们党最坚实、最可靠的阶级基础，是我国的领导阶级。坚持和发展中国特色社会主义，必须巩固工人阶级的领导阶级地位，充分发挥工人阶级主力军作用。全心全意依靠工人阶级要贯彻到党和国家政策制定、工作推进全过程，落实到企业经营各方面，做到在政治上保证、制度上落实、素质上提高、权益上维护，更好地把广大职工群众紧紧团结在党和政府周围。

三是坚持为实现中华民族伟大复兴的中国梦而奋斗是我国工人运动的时代主题。强调实现中华民族伟大复兴，是中华民族近代以来最伟大的梦想，根本上要靠包括工人阶级在内的全体人民的劳动、创造、奉献。工会要抓住这个主题，把推动科学发展、实现稳中求进作为发挥作用的主战场，建设知识型、技能型、创新型劳动大军，在改革发展稳定的第一线建功立业。

四是坚持中国特色社会主义工会发展道路是工运事业和工会工作发展的正确方向。强调中国特色社会主义工会发展道路是中国特色社会主义道路的重要组成部分，深刻反映了中国工会的性质和特点，符合我国国情和历史发展趋势。要始终坚持这条道路，不断拓展这条道路，做到自觉接受党的领导，团结服务职工、依法依章程开展工作相统一，努力使这条道路越走越宽广。

五是坚持弘扬劳模精神、劳动精神、工匠精神是引导教育广大职工的重要抓手。强调要树立劳动最光荣、劳动最崇高、劳动最伟大、劳动最美丽的理念，倡导辛勤劳动、诚实劳动、创造性劳动，尊重劳动模范，用劳模的干劲、闯劲、钻劲鼓舞更多的人，激励广大劳动群众争做新时代的奋斗者，营造劳动光荣的社会风气和精益求精的敬业风气。

六是坚持高举维护职工合法权益旗帜是工会组织的基本职责。强调保障职工权益是我国社会主义制度的根本要求，是党和国家的神圣职责，也是发挥广大职工群众积极性、主动性、创造性的最重要、最基础工作。工会要坚决维护职工的合法权益，把竭诚为职工群众服务作为一切工作的出发点和落脚点。要发挥协调劳动关系的作用，健全劳动关系协调机制，及时正确处理劳动关系矛盾。

七是坚持增强政治性、先进性、群众性的工会改革方向是推进工会工作创新发展的根本要求。强调时代在发展，事业在创新，工会工作也要发展、要创新。加强和改进新形势下的工会工作，最重要的是要保持和增强政治性、先进性、群众性。政治性是工会组织的灵魂，先进性是工会组织的重要着力点，群众性是工会组织的根本特点。要在建机制、强功能、增实效上下功夫，创新组织体制、运行机制、活动方式、工作方法，让职工群众真正感受到工会是职工之家，工会干部是最可信赖的娘家人、贴心人，把工会组织建设得更加充满活力、更加坚强有力。

八是坚持加强基层工会建设是工会工作彰显活力的基础和关键。强调必须以职工为中心、让职工当主角，眼睛向下、面向基层，力量配备、服务资源向基层倾斜，着力扩大覆盖面、增强代表性，着力强化服务意识、提高维权能力，着力加强队伍建设、提升保障水平，切实增强工会组织的凝聚力。

习近平总书记关于工人阶级和工会工作的重要论述，是在我国波澜壮阔的工人运动伟大实践中产生的科学理论，具有强大的思想力量、深刻的指导作用，其关键是坚持党的领导，根本是增强政治性、先进性、群众性，重点是维护职工权益、服务职工群众。这些重要论述是对马克思主义劳动学说和工运学说的传承和升华，是习近平新时代中国特色社会主义思想的重要组成部分，是新时代工会工作创新发展的理论指导，是高等学校工会工作的行动指南。

（二）新时代"四有"好老师队伍建设理论

2014年9月9日，习近平总书记在人民大会堂亲切接见了庆祝第三十个教师节暨全国教育系统先进集体和先进个人表彰大会受表彰代表，随后来到北京师范大学，看望教师学生，观摩课堂教学，进行座谈交流，并发表了《做党和人民满意的好老师》的重要讲话。讲话高瞻远瞩，内涵丰富，情真意切，从实现"两个一百年"的奋斗目标和中华民族伟大复兴中国梦的战略高度和教育发展的大局出发，突出强调了教育和教师的重要地位和作用，明确提出了成为一名党和人民满意的好老师的"四有"标准，是新时代推进教育改革、进一步加强教师队伍建设的重要遵循，也是学校工会切实履行职责、充分发挥作用的行动指南。

习近平总书记关于党和人民满意的好老师标准，体现在以下四个方面。

一是做好老师要有理想信念。好老师的理想信念是以党和人民的要求为基准，始终同党和人民站在一起，自觉做中国特色社会主义的坚定信仰者和忠实践行者，忠于党和人民的教育事业，自觉把党的教育方针贯彻到教育教学工作全过程。

二是做好老师要有道德情操。广大教师必须率先垂范、以身作则，引导和帮助学生把握好人生方向，特别是引导和帮助青少年学生扣好人生的第一粒扣子。合格的老师首先应该是道德上的合格者，好老师应该是以德施教、以德立身的楷模，好老师应该执着于教书育人。

三是做好老师要有扎实学识。扎实的知识功底、过硬的教学能力、勤勉的教学态度、科学的教学方法是老师的基本素质。好老师应该是智慧型老师,具备学习、处世、生活、育人的智慧,既授之以鱼,又授之以渔,能够在各个方面给学生以帮助和指导。

四是做好老师要有仁爱之心。好老师应该是仁师;好老师应该用爱培养爱、激发爱、传播爱,应该把自己的温暖和情感倾注到每一位学生身上,用欣赏增强学生的信心,用信任树立学生的自尊;好老师应该懂得选择老师就选择了责任,就要尽教书育人、立德树人的责任;好老师要具备尊重学生、理解学生、宽容学生的品质。

习近平总书记关于"四有"好老师的重要论述,一直激励着广大教师不断提升自己的综合素质,无私奉献,在三尺讲坛担当着为党育人、为国育才的光荣使命。高等学校工会履行基本职责的主体是教师,助力建设"四有"好教师队伍,是高等学校推进教育教学改革的基础性工作,也是高等学校工会工作的目标任务。

二、高等学校工会工作的主要路径

作为教育工会基层组织的高等学校工会,要坚持"八个方面"制度保障实现工会工作目标,夯实高等学校工会基层组织基础,坚持工会正确政治方向,坚持工人运动时代主题,构建联系广泛、服务教职工的高等学校工会工作体系,维护职工合法权益、竭诚服务职工,把职工紧紧团结在党的周围,为实现中华民族伟大复兴的中国梦凝聚强大力量。

一是坚持和完善自觉接受党的领导制度,坚持党委领导下的校长负责制,把教职工紧紧团结在党组织的周围。二是坚持全心全意依靠工人阶级的方针,发挥教职工在教学、科学研究工作中的主力军作用,坚持以教职工为中心的工作导向,推动健全保障教职工主人翁地位的各项制度安排,健全广泛开展劳动和教学技能竞赛制度、弘扬劳模精神劳动精神工匠精神的制度等。三是坚持和完善强化教职工思想政治引领制度、加强和改进教职工思想政治工作制度、教职工文化建设制度等。四是坚持和完善"四有"好教师队伍建设。五是坚持和完善维权服务制度,完善教职工普惠性服务制度，健全困难职工帮扶解困制度。六是坚持和完善劳动关系协调机制，推动完善党政工共同参与的协商协调机制。七是坚持和完善深化工会改革创新制度，完善加强基层组织建设制度，密切联系职工群众制度。八是坚持完善加强工会系统党的建设制度，努力提高工会系统党的建设质量。工会要通过有效的管理，不断加强对制度执行的组织领导、监督检查，推动工会各项工作制度化、法治化，把工会改革向纵深推进、向基层延伸。

三、高等学校工会工作的主要方法

高等学校工会要坚持党的群众路线，形成"导、学、爱、帮、管"五位一体的工作格局，带着感情、带着责任，以文化人、以心交友，既以正确的思想和路线宣传教育引导教职工群众，又维护教职工的合法权益，为群众办实事，只有这样，才能取到实际效果。

（一）坚持密切联系教职工，与教职工交心与帮扶结合

建立工会干部联系分工会、会员制度，经常主动走访开展谈心、谈话活动，在平等沟通、民主讨论、相互交流中进行思想引导。通过深入教职工群众谈心谈话，了解教职工工作上的愿望、生活上的困难、情感上的需求，与教职工群众交友，真正把工作做到职工心坎上。

（二）以文化人，将先进思想引领与开展文体活动结合

加强文化建设，深入开展精神文明创建活动，使文化建设和活动过程成为思想教育过程，润物无声地引导教职工自我教育、自我完善、自我提高。利用校园人文景观、校史、校训、校歌、文体活动等形式，陶冶情操，提高认识，寓教于乐。

（三）用好信息网络，线上与线下、宣传教育群众与我为群众办实事结合

高等学校工会干部要学会使用网络走群众路线，积极应用互联网、

大数据等新兴技术，推动思想政治工作传统优势与信息技术高度融合，更好地吸引群众参与，做好联系服务工作。建立网上学习交流平台，加强智慧工会建设，为教职工提供网上信息、教育培训、文化活动、社交传播、维权与服务。结合线下交流学习活动，通过为群众办实事，送温暖、困难帮扶、解决教职工群众急难愁盼的问题，架起党和教职工群众联系的线上线下桥梁。

（四）加强工会组织建设，坚持加强工会干部队伍建设与"教职工之家"建设结合

高等学校工会是"教职工之家"，工会干部是教职工的"娘家人"。工会组织有没有凝聚力、战斗力，工会干部心中是否装着教职工群众、是否有做群众工作的能力和水平，决定了工会干部能不能得到教职工的信赖与支持，决定了高等学校工会是否有安身立命之基，因此，加强高等学校工会干部队伍建设很有必要。

第二章
导——坚持党的领导为核心的正确政治方向

方向决定路线，政治方向决定前途命运，正确的路线决定组织目标的如期实现。中国工会作为党领导下的工人阶级的群众组织，能否牢牢把握正确政治方向，不仅关系工运事业的成败，而且事关党的政权稳固和国家长治久安。坚持正确方向，是工会做好工作、发挥作用的根本。工会坚持正确的政治方向，就是要走中国特色社会主义工会发展道路，其核心是坚持中国共产党的领导，其根本是坚持社会主义制度，其关键是维护职工合法权益，竭诚服务职工。

第一节
关于高等学校工会坚持正确政治方向的重要论述

高等学校工会的首要任务，就是坚持教职工正确的政治引领，就是要引导教职工永远保持自觉接受党的领导这一优良传统，引导教职工坚持社会主义制度，团结动员教职工立足岗位建功立业，为实现中华民族伟大复兴的中国梦贡献力量。

一、高等学校工会"导"的科学内涵

1."导"的科学含义

"导"在《现代汉语词典》中有五种释义：引导、疏导；传导；开导；导演；姓氏。本文为以手牵引，引导；引申为启发、指引、带领等意思。如成语"因势利导、教导有方，导德齐礼"，再如古诗句"礼以导神，乐以和性"。

2.高等学校工会"导"的含义

高等学校工会的"导"就是引导、启发、指引、带领的意思。高等学校工会组织通过宣传教育，引导、带领教职工坚持正确的前进方向。这个正确的方向，简而言之，就是坚持中国特色社会主义工会发展道路，坚持中国共产党的领导，引导教职工听党话、跟党走。详义就是：要立足国情、会情，把握时代特点，遵循客观规律，坚持走中国特色的社会主义工会发展道路，坚持为实现中华民族伟大复兴的中国梦而奋斗的工人运动时代主题。中国特色的社会主义工会发展道路的精神实质，核心是坚持自觉接受中国共产党的领导，它体现了中国工会的政治属性，明确了中国工会与中国共产党的关系，也是中国工会区别于西方工会的根本特点。根本是坚持中国工会的社会主义性质，它体现了中国工会的制度属性，这是中国工会的理想和信念所依。关键是坚持维护职工群众的合法权益，它体现了中国工会的社会属性，这是中国工会存在和发展的必然。

在高等学校，工会的正确方向引领，就是准确把握工会的政治属性、制度属性和社会属性，坚持以马克思列宁主义、毛泽东思想、邓小平理论、"三个代表"重要思想、科学发展观、习近平新时代中国特色社会主义思想为指导，坚持党对高等学校的全面领导，认真学习贯彻党的基本理论、基本路线、基本方略，认真贯彻党的教育方针，教育引导教职工树立共产主义远大理想和中国特色社会主义共同理想，团结动员教职工立足岗位建功立业，团结引导教职工坚定不移地听党话、跟党走。

二、马克思主义关于坚持党的领导的重要论述

中国特色社会主义最本质的特征是中国共产党领导，中国特色社会主义最大的制度优势是中国共产党的领导，党是最高政治领导力量。马克思主义关于党的工运理论是高等学校坚持中国共产党领导、做好工会工作的理论指导。

（一）马克思主义工运理论

马克思主义有一个非常重要的基本观点：为了保证社会主义革命取得胜利，无产阶级必须组织政党；马克思主义政党不仅能够而且必须领导无产阶级的一切组织。马克思、恩格斯在《共产党宣言》中指出："共产党人是各国工人政党中最坚决、始终起推动作用的部分""在无产阶级和资产阶级的斗争所经历的各个发展阶段上，共产党人始终代表整个运动的利益"。列宁对共产党的性质也作过明确阐述："党是阶级的先进觉悟阶层，是阶级的先锋队。"关于社会主义政党与工会的关系，列宁曾有过精辟论述。1908年2月19日，列宁在《工会的中立》一文中提出："布尔什维克证明，目前不能把政治同职业严格地分开。他们由此得出结论说'社会民主党和工会应当紧密地团结，社会民主党（布）应当领导工会。'"1922年1月12日，列宁在《工会在新经济政策条件下的作用和任务》这个提纲中将工会形象地比喻成发动机与机器之间的传动装置，工会建立得不好或工作犯错误，共产党与群众之间就会失去联系，得不到群众的支持和拥护，"那我们的社会主义建设就必然遭到大灾难。"

（二）关于党的全面领导的理论

1.党对一切工作的领导理论来源

中国共产党领导中华民族和中国人民推翻帝国主义、封建主义和官

僚资本主义，建立中华人民共和国，使中华民族和中国人民从站起来到富起来、从富起来到强起来。党的百年奋斗史奠定了工人阶级政党领导一切的核心地位，形成了中国马克思主义关于党领导一切的科学指导思想。1929年12月，古田会议确立了思想建党、政治建军的原则，实现了党对军队的政治领导，红军成为在党绝对领导下思想高度统一的武装力量。1942年9月1日，中共中央政治局通过的《中共中央关于统一抗日根据地党的领导及调整各组织间关系的决定》指出，党是无产阶级的先锋队和无产阶级组织的最高形式，他应该领导一切其他组织，如军队、政府与民众团体。1954年，毛泽东同志在第一届全国人民代表大会上庄严宣布："领导我们事业的核心力量是中国共产党，指导我们思想的理论基础是马克思列宁主义。"1962年1月，在扩大的中央工作会议上，毛泽东同志再次强调，"工、农、商、学、兵、政、党这七个方面，党是领导一切的，党要领导工业、农业、商业、文化教育、军队和政府。"习近平总书记深刻指出："没有中国共产党，哪有社会主义中国？哪有中国特色社会主义？哪有中华民族伟大复兴？"

党的十九大把"中国共产党的领导是中国特色社会主义最本质的特征，是中国特色社会主义制度的最大优势。党政军民学，东西南北中，党是领导一切的"这一重大政治原则写入党章总纲。十三届全国人大一次会议审议通过的宪法修正案，把"中国共产党领导是中国特色社会主义最本质的特征"写入宪法总纲。这些修改，进一步在全党全国各族人民中强化了党的领导意识，使党的领导在国家运行机制和各项制度中具有更强的制度约束力和更高的法律效力，为把党的领导贯彻落实到国家政治生活和社会生活的各个领域，确保中国特色社会主义事业始终沿着正确轨道前进，提供了根本保证。

2.中国工会自觉接受党的领导理论来源

中国共产党作为中国工人阶级的先锋队，在领导中国新民主主义革命取得胜利、领导社会主义革命和建设取得成功的百年奋斗历史进程中，深刻认识到工人阶级的主力军作用，奠定了工人阶级领导阶级的地位，制定了全心全意依靠工人阶级的方针，也奠定了党在全中国人民中的领导核心地位。

党的十八大以来，习近平总书记多次就工会自觉接受党的领导作出重要批示，提出明确要求。2013年10月23日，习近平总书记同全国总工会第十六届领导班子成员集体谈话时指出："工会要永远保持自觉接受党的领导这一优秀传统"。在这次谈话中他还强调"工会工作做得好不好，有没有取得明显成效，关键看有没有坚持正确政治方向"。2015年7月，习近平总书记在中央党的群团工作会议上强调："要切实保持和增强党的群团工作的政治性。政治性是群团组织的灵魂，是第一位的。群团组织要始终把自己置于党的领导之下，在思想上政治上行动上始终同党中央保持高度一致，自觉维护党中央权威，坚决贯彻党的意志和主张，严守政治纪律和政治规矩，经得起各种风浪考验，承担起引导群众听党话跟党走的政治任务，把自己联系的群众最广泛最紧密地团结在党的周围。"2018年10月29日，习近平总书记在中南海同中华全国总工会第十七届领导班子成员集体谈话并发表重要讲话，他强调，要坚持党对工会工作的领导，要加强对职工的思想政治引领，工会要忠诚党的事业，通过扎实有效的工作把坚持党的领导和我国社会主义制度落实到广大职工群众之中去。要认真落实新时代党的建设总要求，增强"四个意识"，坚定"四个自信"，坚决维护党中央权威和集中统一领导，始终在政治立场、政治方向、政治原则、政治道路上同党中央保持高度一致。

（三）中国工会自觉接受党的领导的法律要求

我国宪法、工会法和工会章程明确规定，中国工会自觉接受中国共产党的领导。《中华人民共和国宪法》明确规定："中华人民共和国是工人阶级领导的、以工农联盟为基础的人民民主专政的社会主义国家。社会主义制度是中华人民共和国的根本制度。中国共产党领导是中国特色社会主义最本质的特征。禁止任何组织或者个人破坏社会主义制度""全国各族人民、一切国家机关和武装力量、各政党和各社会团体、各企业事业组织，都必须以宪法为根本的活动准则"。《中华人民共和国工会法》明确规定："工会必须遵守和维护宪法，以宪法为根本活动准则，以经济建设为中心，坚持社会主义道路，坚持人民民主专政，坚持中国共产党的领导，坚持马克思列宁主义、毛泽东思想、邓小平理论、'三个代表'重要思想、科学发展观、习近平新时代中国特色社会主义思想，坚持改革开放，保持和增强政治性、先进性、群众性，依照工会章程独立自主地开展工作"。《中国工会章程》明确规定："中国工会是中国共产党领导的职工自愿结合的工人阶级群众组织，是党联系职工群众的桥梁和纽带，是国家政权的重要社会支柱，是会员和职工利益的代表。""中国工会坚持自觉接受中国共产党领导，承担团结引领职工群众听党话、跟党走的政治责任，巩固和扩大党执政的阶级基础和群众基础。"

党中央关于党的全面领导理论、对中国工会的重要指示，党领导下制定的一系列关于工会组织和工作的法律法规，阐释了工会与工人阶级政党的关系这一马克思主义工运理论的重大问题，丰富和发展了马克思主义工运学说，为中国工会团结带领广大职工为巩固党的执政地位、夯实党的执政基础、完成党的执政使命而不懈奋斗，奠定了坚实的思想理论基础，提供了坚强的法律保证。

第二节 高等学校工会坚持正确政治方向引领的路径

坚持党的领导，是工会的政治立场和政治原则，也是工会工作准则和具体要求。中国工会坚持党的领导和社会主义制度，要坚持以习近平新时代中国特色社会主义思想为指导，保持和增强工会的政治性、先进性、群众性，维护工人阶级的团结和统一，积极争取各级党组织加强和改进对工会工作的领导，不断提高工会系统党的建设质量。

坚持党的领导不仅是重大理论问题，而且是重大实践问题。在中央党的群团工作会议上，习近平总书记鲜明提出群团组织和群团工作保持和增强政治性、先进性、群众性的要求，深刻回答了群团组织坚持什么原则、朝着什么方向努力的问题。

一、坚持党对工会工作的领导，保持和增强工会组织的政治性

（一）坚持党对工会工作的领导是最大的政治

1.政治性是工会组织的灵魂

工会组织是中国共产党领导下的群众组织，也是政治组织。工会工作做的是群众工作，实质上就是政治工作，讲政治是第一位的要求。因此，高等学校工会坚持党的领导，就是要向教职工宣传党的基本理论、基本路线、基本方针政策，落实党和国家战略部署，落实上级工会部署和学校党委决定，引导教职工自觉把党的基本理论、基本路线、基本方略贯穿于工会工作的各个方面、全过程，增强"四个意识"，坚定"四个自信"，做到"两个维护"，始终在政治立场、政治方向、政治原则、政治道路上同以习近平为核心的党中央保持高度一致，打牢坚持党的领导的政治根基。

2.高等学校工会组织要旗帜鲜明地讲政治

高等学校工会重大事项、重大问题要及时向党委请示报告，重要制度建设要提交党委会研究批示。要不断巩固深化"不忘初心、牢记使命"主题教育成果，把"不忘初心、牢记使命"作为工会干部的终身课题，形成长效机制，锤炼工会干部忠诚、干净、担当的政治品格。自觉把工会置于党的领导之下，站稳政治立场、把准政治方向，把依法按规

按章独立自主开展工作与自觉接受党的领导紧密结合起来，把维护教职工群众的具体利益与维护人民的整体利益紧密结合起来，把维护服务教职工与教育引导教职工紧密结合起来，始终做到与时代同步伐、与改革开放共命运、与党和人民心连心。

3.工会组织要把正方向、引对道路

工会组织的政治性主要体现在工会为承担起引导职工群众听党话、跟党走的政治责任，为夯实党执政的阶级基础和群众基础作出贡献上，这是工会组织区别于其他社会组织的根本区别，也是衡量工会工作做得好不好的政治标准。因此，工会所有活动最终都要体现在教育引导职工群众自觉坚持党的领导、自觉坚持社会主义制度上。工会肩负引领工人阶级跟党走，使之成为党最坚实、最可靠的阶级基础的使命。走中国特色社会主义的工会发展，要全面把握"六个坚持"的基本要求和"三个统一"的基本特征，即坚持党对群团工作的统一领导，坚持发挥桥梁纽带作用，坚持围绕中心、服务大局，坚持服务群众的工作生命线，坚持与时俱进、改革创新，坚持依法依章独立自主开展工作。各群团自觉接受党的领导、团结服务所联系群众、依法依章程开展工作相统一。必须时刻牢记，党和国家面临"两个大局"，同各种敌对势力的斗争是长期的、复杂的，有时甚至是尖锐的，工会组织不能缺位，不能失声。党和国家改革发展的道路是艰辛的，要始终坚持党的领导，坚决贯彻党的意志和主张，严守政治纪律和政治规矩，坚持中国特色社会主义工会发展道路，工会要有所作为。

（二）健全党建带工建的领导机制和工作制度

领导好各级工会组织是各级党委的重要政治责任，也是实现和坚持党的领导的重要制度。各级党委要坚持责任担当，形成党委统一领导、党政齐抓共管、部门各负其责、党员干部带头示范，工会组织履职尽责的工作格局。

工会组织要积极争取各级党组织对工会工作的重视，将工会组织

建设纳入党建总体格局，健全党建带工建的领导机制和工作制度。要坚持工会接受同级党委和上级工会双重领导，以同级党委领导为主的组织领导体制，做到重大事项、重大问题、重要制度建设及时向党委请示报告，把党的意志落实到广大职工中去，把执行党的意志的坚定性和为职工服务的实效性统一起来。工会要积极争取各级党委选好配强工会组织的领导班子，指导工会加强领导班子和干部队伍建设，加大对工会干部的培养力度，切实提高工会干部的工作积极性、履职尽责的能力和水平。工会还要积极争取党委、政府从政策、资金、项目方面，加大对工会的投入，切实改善工会组织的工作条件，为工会更好地服务职工群众提供物资保障。

（三）不断提高工会组织党的建设质量

加强工会组织党的建设，对于工会组织履职尽责，发挥作用，巩固党执政的阶级基础和群众基础，具有重要的意义。新形势下加强工会系统党的建设具有必要性和重要性，工会系统的党组织和党员干部要强化守土有责、守土担责、守土尽责的政治担当，切实增强履行党建工作责任的思想自觉、政治自觉、行动自觉，以全面从严治党的成效推动工会工作上新台阶。

要履行抓好党建的政治责任。坚持把党建工作摆在重要位置，坚持党建工作同工会业务工作同谋划、同部署、同推进、同考核。书记要履行第一责任人职责，带好班子，管好队伍，抓好落实。要把制度建设摆在突出位置，在抓制度健全、制度落实、制度执行上狠下功夫，重点是健全工会组织领导和工作制度、学习制度、重大事项请示报告制度、财务管理制度、资产管理制度、构建联系广泛、服务教职工的工会工作制度体系，推动工会党建工作由"虚"变"实"。要持之以恒地正风肃纪。要坚持党的群众路线，大兴调查研究之风。坚持工会干部联系点制度，严格落实中央八项规定，持续深化纠"四风"工作，开展经常性纪律教育、廉政教育，要落实监督责任，加强对重点岗位、重点领域、关键环节的监督，建设工会风清气正的模范政治机关。

二、组织动员教职工立足岗位建功立业，保持和增强工会组织的先进性

思想建设是我党永葆先进性的重要经验。习近平总书记对工会组织提出了先进性的要求，是工会组织加强自身建设、巩固党执政的阶级基础和群众基础，真正成为党联系群众的桥梁和纽带，真正成为国家政权重要的社会支柱的根本遵循。

（一）马克思主义是工人阶级的先进思想武器

工人阶级只有在自己的政党领导下，用马克思主义武装起来，才能由自在阶级转变为自为阶级，真正担负起资本主义社会的掘墓人和社会主义社会创造者的历史使命。习近平新时代中国特色社会主义思想是马克思主义中国化最新理论成果，是全党全国各族人民进行中国特色社会主义建设、为实现中华民族伟大复兴的中国梦而奋斗的行动指南，也是新时代工运事业和工会工作的根本遵循，是各级工会组织和广大工会干部强大的思想武器。习近平关于工人阶级和工会工作的重要论述，科学回答了工人阶级和工会工作的一系列方向性、根本性、战略性的重大问题。中华全国总工会主席王东明同志在中国工会十七大报告中，用"八个坚持"进行了高度概括、提炼和阐释。即坚持党对工会工作的领导，坚持全心全意依靠工人阶级的根本方针，坚持为实现中华民族伟大复兴的中国梦而奋斗的工人运动的时代主题，坚持弘扬劳模精神、劳动精神、工匠精神，坚持高举维护职工合法权益旗帜，坚持增强政治性、先进性、群众性的工会改革方向，坚持加强基层工会建设。同时，中国工会十七大提出了"四个立足"，即立足新时代中国特色社会主义新方位，在实现党的十九大描绘的宏伟蓝图中贡献力量；立足社会主要矛盾新变化，在不断满足职工群众美好生活需求中担当作为；立足共建共治共享社会治理新格局，在推动构建中国特色的和谐劳动关系中履职尽责；立

足全面深化改革新阶段，在构建联系广泛、服务职工的工会工作体系中开拓创新。"四个立足"是学习宣传贯彻习近平关于工人阶级和工会工作重要论述的着力点。

（二）工会组织服务于党和国家的工作大局是先进性的突出表现

一个组织的先进性不仅在于其指导思想的先进，更在于组织成员行动上的自觉和做出的光辉业绩。用马克思主义武装起来的中国共产党团结带领中国人民，浴血奋战、百折不挠，创造了新民主主义革命的伟大成就；自力更生、发奋图强，创造了社会主义革命和建设的伟大成就；解放思想、锐意进取，创造了改革开放和社会主义现代化建设的伟大成就；自信自强、守正创新，创造了新时代中国特色社会主义的伟大成就。党的百年奋斗历史和伟大成就充分彰显了它的先进性。

高等学校工会组织和会员要自觉服从服务于党和国家工作大局。服务党和国家工作大局是工会工作主线，为实现中华民族伟大复兴的中国梦而奋斗是我国工人运动的时代主题。高等学校工会要把自身工作与党政领导的人才培养、科学研究、服务地方经济、文化传承创新、服务改革发展稳定工作紧密联系在一起，在大局中思考、在大局下行动，自觉服从大局，坚决维护大局，找准工作的结合点和着力点，团结动员教职工为完成学校中心工作贡献力量，才能代表教职工群众，才能发挥作用，才能彰显自身的先进性，从而赢得教职工的信赖。

第三节　湖南中医药大学工会实践

湖南中医药大学工会坚持以马克思主义工运理论、习近平新时代中国特色社会主义思想、习近平总书记关于工人阶级和工会工作的重要指示为指导，深入学习贯彻落实全国教育大会、全国高校思想政治工会会议精神、中国工会十七大会议精神，坚持正确政治方向引领教职工。在实际工作中做到以下两点。一是坚持正确的政治方向。工会始终在思想上、政治上、行动上同党中央保持高度一致，坚持用党的基本理论、基本路线、基本纲领、基本经验、基本要求武装头脑、指导工作。坚决贯彻落实党的大众方针和决策部署，不断增强对中国特色社会主义的道路自信、理论自信、制度自信、文化自信。在大是大非上始终头脑清醒、立场坚定、行动坚决，把坚持党的领导和社会主义制度落实到广大教职工群众之中。二是团结动员教职工服务党和国家大局、服务学校中心工作。工会自觉围绕学校人才培养、科学研究、服务社会、文化传承创新这一中心，服务学校改革发展稳定大局，把工会工作放到这个中心和大局中去思考、去把握、去推进，动员教职工立足岗位建功立业，为学校的发展贡献工会的智慧和力量。

一、坚持中国共产党的领导，确保工会置于党的绝对领导之下

（一）坚持党对工会工作的政治领导

学校党委非常重视工会工作，加强对工会的政治领导。工会在领导体制上坚持接受湖南中医药大学党委和湖南省教育工会的双重领导，以湖南中医药大学党委领导为主。学校工会干部坚持参加学校党委理论中心组学习，认真学习、深刻领会党的路线方针政策，认真执行党对高等学校工作的决策部署。工会所有制度建设、每年一次的教职工代表大会和工会会员代表大会工作方案、工会福利、工会的干部配备、工会系统评先评优工作等重要事项都提交党委会研究决定。工会干部的培训、考核、工资待遇、年度个人事项报告、评先评优等纳入学校党政干部统一管理。工会举办大型文艺体育活动，学校党委领导出席。工会会员重病住院，学校党委书记或副书记亲自慰问。学校党委坚持统一领导，对工会工作统筹部署，把工会干部的培养教育纳入学校干部教育培养的整体方案。2019年6月，校工会机关建立了党支部，由机关党委具体领导，

党对工会机关的政治领导得到显著加强。三年多来，工会党支部在校、院两级党组织的领导和统一部署下，开展了"不忘初心、牢记使命"主题教育，开展了中共党史、新中国史、改革开放史、社会主义发展史教育，学校工会全体党员干部在所属工会党组织参加主题教育。通过学习教育，工会系统党员和干部党的领导意识、宗旨观念显著增强，增强了"四个意识"，坚定"四个自信"，做到"两个维护"，在政治立场、政治方向、政治原则、政治道路上同以习近平同志为核心的党中央保持高度一致。工会坚持集体学习制度和大事民主集中决策制度，机关工会党支部坚持"三会一课"制度，坚持每周一次工会例会制度，特殊专题工作集体研究，民主决策。工会坚持党建工作与业务同时抓，以党建促业务，使工会机关在人手相对较少的情况下，协助学校工会委员会完成了全年的工作任务。

（二）加强工会组织建设，为工会把握正确方向提供组织保障

学校坚持党对工会的领导，在组织建设上得以保证。一直以来，湖南中医药大学工会主席由学校党委副书记担任，确保党的方针政策在工会得以顺利执行。在校、院两级工会干部配备的问题上，坚持校工会常务副主席、专职副主席为中共党员，学校中层干部、分工会主席的候选人原则上为二级党组织副书记或党员干部；校工会主席、副主席的候选人、选举结果必须报学校党委和省教育工会党组审查批准。目前，学校工会委员16人全部为中共党员，其中15人担任了二级党组织负责人或党组织成员；全校21个分工会主席中，17名为二级学院党委副书记，国际教育学院、离退休处、图书馆因未设党组织副书记，由具有党员身份的党政干部担任分工会主席。

二、加强工会宣传教育工作，促进教职工对党的情感认同

湖南中医药大学工会坚持用习近平新时代中国特色社会主义思想武装教职工头脑，开展中国近现代史、党史、中国工运史学习教育，开展

以党的十九大精神为主的形势政策教育，赓续红色血脉，开展实践教育。通过学习原文，开展知识讲座、红色基地教育，乡村振兴榜样示范，使教职工深刻认识到，曾经被帝国主义奴役上百年的中国，如果没有中国共产党的领导，就没有新中国的成立；没有中国共产党的领导，不可能实现中华民族和中国人民从站起来到富起来再到强起来的伟大飞跃；党的领导永远是我们各项事业取得成功的制胜法宝。从而使教职工坚定了中国特色社会主义道路自信、理论自信、自制自信、文化自信，增强了教职工对党的情感认同。

（一）持之以恒开展中国近、现代史和党史宣传教育活动

1.开展中国历史教育

在教职工中开展中国近、现代史和党史教育，感受工人阶级的使命光荣、任重道远，是学校进行爱国主义教育、完成立德树人根本任务最基础的工作，也是为了让教职工理解"我们党从哪里来？"这一重大理论

学校工会组织部分教师代表进行中国近现代史学习考察

命题的实践行动。教师是教育的主导者,教师爱国爱党,学生才会爱国爱党。基于这一正确理念,学校利用2021年中国共产党成立一百周年的良好契机,在党中央统一部署下,在学校党委具体指导下,开展了为期一年的党史教育活动。

学校工会从实际出发,配合开展"四史"教育,组织教职工认真学习中共党史、新中国史、改革开放史、社会主义发展史原著原文,开展实践教育活动。先后组织部分教师参观中国甲午战争博物馆、南京大屠杀日本罪行展示馆,开展中国工农红军长征胜利80周年纪念活动。

2. 开展中国工农红军长征胜利80周年的系列纪念活动

学校工会在教职工中开展红军长征胜利80周年的系列纪念活动,是正确方向与路线引领教育最为生动的一课。

(1)组织红军长征历史知识讲座　学校工会聘请马克思主义学院党史教研室教授讲授红军长征的背景及历程:1934年,为了挽救红军、挽救中国革命,中央红军作出了从江西转移的战略决策。红军向何处去?中国革命的前途在哪里?红军面临内部意见分歧,外遭国民党的围追堵截的危险局面。漫长的二万五千里长征,我们党领导红军,血战湘江,四渡赤水,巧渡金沙江,强渡大渡河,飞夺泸定桥,鏖战独树镇,勇克包座,转战乌蒙山,击退上百万穷凶极恶的追兵阻敌,征服空气稀薄的冰山雪岭,穿越渺无人烟的沼泽草地,纵横十余省份,以非凡的智慧和大无畏的英雄气概,付出了巨大的牺牲,胜利完成了震撼世界、彪炳史册的长征。

(2)举办庆祝红军长征胜利80周年教职工合唱比赛　2016年10月,由学校工会主办了庆祝红军长征胜利80周年教职工合唱比赛。来自学校本部二十个分工会组成的十五支合唱队、湖南省中医药研究院合唱队、第一附属医院合唱队、第二附属医院合唱队共十八支队伍参赛。各合唱队所选歌曲基本上是红色歌曲,如《十送红军》《七律·长征》《四渡赤水出奇兵》《遵义会议放光芒》《忆秦娥·娄山关》《过雪山草地》等。有的歌曲如诉如泣，诉说着红军与老百姓的鱼水之情；有的歌曲气势恢宏，把听众带进硝烟弥漫的战场，感受那段苦难辉煌的岁月，了解革命先辈付出的牺牲，坚定共产主义必胜的信心和中华民族复兴的希望。

（3）举行纪念红军长征胜利80周年征文比赛　通过党史知识讲座、合唱比赛、征文比赛等系列教育活动，旨在让教职工深刻认识到：我们党只有坚持正确的思想路线和组织路线，才能取得长征的胜利，中国革命才能转危为安。红军长征的道路是中国革命转危为安的正确道路，从此，中国共产党领导中国人民一步步从新民主主义革命的胜利走向中国特色社会主义，中国人民沿着这条艰苦奋斗的道路从站起来到富起来，最终强起来，进而走进世界舞台的中央。通过教育活动，让教职工了解长征精神：即把民族和人民的利益看得高于一切，坚定理想信念，坚信正义事业必然胜利的精神；为了救国救民，不怕任何艰难险阻，不惜付出一切牺牲的精神；坚持独立自主、实事求是，一切从实际出发的精神；

湖南中医药大学工会庆祝红军长征胜利80周年教职工合唱比赛现场

顾全大局、严守纪律、紧密团结的精神；紧紧依靠人民群众，同人民群众生死相依、患难与共、艰苦奋斗的精神。教职工了解到：长征精神是中华民族和中国人民宝贵的精神财富，是促进社会主义核心价值观建设，引领社会文化发展、弘扬民族精神和时代精神的重要力量，它将激励着中国共产党和中国人民在中华民族伟大复兴的新的长征路上百折不挠、砥砺前行。

（二）开展党的基本理论、基本路线、基本方略的宣传教育活动

用党的基本理论、基本路线、基本方略武装教职工，帮助他们了解"我们党要到哪里去？"的重大理论问题，从而汇集干事创业的强大力量，是工会正确引领教职工的工作路径和工作方法。

2017年10月18日至24日，中国共产党第十九次全国代表大会在北京召开。党的十九大的召开，是全党全军全国各族人民政治生活中的一

学校工会与马克思主义学院开展党的十九大精神微宣讲比赛

件大喜事，标志着中国进入了中国特色社会主义的新时代。深入学习贯彻党的十九大精神，成为一个时期全党的重要政治任务。

高等学校如何发挥专业优势，带头学习好、宣传好、贯彻好党的十九大精神，成为摆在学校党委、行政、工会及教师面前的主要任务。学校工会深知使命光荣，经过认真研究，开展了一系列宣传教育活动。一是工会干部带头学，通过参加党委中心组的学习、个人自学等方式，学懂弄通党的十九大精神实质。二是通过与马克思主义学院联合主办十九大精神的教学竞赛、习近平新时代中国特色社会主义思想微宣讲竞赛、党史知识竞赛等一系列活动，在教职工中宣传党的十九大精神，使党的十九大精神和习近平新时代中国特色社会主义思想进教材、进课堂、进头脑，为教和学指明正确的政治方向。

（三）开展《中国工运史》专题学习教育，从党领导中国工运百年的历程中汲取奋进的力量

2021年，为了深化党史教育活动，为了从党领导中国工运百年的历程中汲取奋进的力量，学校工会顺势而为，组织工会干部和教职工集中学习中国工运史。这一年，学校工会主办了有近100名工会干部参加的培训班，其中一课是湖南省总工会干校戴春教授讲授《中国工运史》。这是我校工会首次开展中国工运史教学。到会学员耳目一新，从两个小时的精彩讲授中，学员深刻认识到中国工人阶级除具有世界无产阶级的优点以外，具有最坚决、最彻底的革命性，具有鲜明的反帝国主义精神。正是基于此，当中国工人阶级自己的政党即中国共产党诞生后，中国工人阶级能够担当起中国反帝反封建的新民主主义革命的领导阶级的重任，并使中国工人运动成为中国新民主主义革命不可分割的组成部分。通过学习中国工运史，也使工会干部感同身受中国工人阶级创造的奇迹和伟大，中国知识分子在中华民族伟大复兴中应该担当的光荣使命，应该具有的行动自觉。

学校工会组织工会干部学习《中国工运史》

（四）赓续红色血脉，开展实践教育活动

湖南是中国新民主主义革命的发祥地之一，有着丰富的红色教育资源。学校工会利用这一优势，组织动员校、院两级工会组织充分利用这一优势开展实践教育活动，保持和增强工会的先进性。全校21个分工会积极行动，深入挖掘党史教育资源，多次组织参观韶山毛泽东同志故居、参观毛泽东与杨开慧的家——清水塘，参观刘少奇、彭德怀、任弼时、杨开慧、贺龙、罗荣桓、郭亮等老一辈革命家的故居，参观湖南党史教育展馆、芷江受降纪念馆、宜章县湘南暴动指挥部、平江起义旧址、秋收起义文家市会师旧址、永顺县湘鄂川黔革命根据地旧址、岳麓山新民学会旧址等地，重温革命前辈光辉历程，汲取砥砺前行的力量。校工会党支部还组织党员前往望城桥口镇党支部、浏阳大围山田溪镇党支部学习乡村振兴村党的基层组织建设经验。

三、贯彻执行党和国家的基本方略，助力服务党和国家大局

（一）响应党和国家号召，助力脱贫攻坚与乡村振兴国家战略

1. 历史背景

消除贫困，改善民生，逐步实现共同富裕，是中国共产党的初心使命，也是社会主义的本质要求。以习近平总书记为核心的党中央一直关心人民的疾苦。2013年11月3日，习近平总书记来到湖南省湘西土家族苗族自治州花垣县十八洞村考察，提出"精准扶贫"的重要思想。2015年11月23日，中共中央政治局审议通过了《关于打赢脱贫攻坚战的决定》。从2015年11月27日至28日，中央扶贫开发工作会议在北京召开，至2020年11月23日，贵州宣布最后9个深度贫困县退出贫困县序列，这不仅标志着贵州66个贫困县实现整体脱贫，也标志着国务院扶贫办确定的全国832个贫困县全部摘帽。经过全党全国各族人民的共同努力，在迎来中国共产党成立一百周年的重要时刻，我国脱贫攻坚战取得了全面胜利，中国共产党带领全国人民创造了又一个彪炳史册的人间奇迹。

2. 湖南中医药大学实践

脱贫攻坚是党中央的决策部署，成为各级党群团组织和政府的共同行动，工人阶级发挥了重大的作用。在脱贫攻坚战役中，我校前后派出两届驻村工作队，对口支援湖南宁远县九嶷山瑶族乡牛头江村和麻阳县张公坡村。在脱贫攻坚的六年时间中，我校教职工自愿为扶贫村捐款40余万元，六批次以购代捐采购驻贫困村农副产品180余万元，在832平台完成消费扶贫任务近千万元。各级干部、教师多次来到贫困村看望慰问农户，支招发展产业帮助贫困村脱贫，出色地完成了党交给的任务。

3. 学校工会的行动

学校工会接受学校党委指示，六年如一日，妥善管理教职工捐献给

扶贫村的善款，认真审查扶贫慰问的每一笔开支，确保善款全部用在贫困村。积极响应省委和省教育工委关于拉动消费扶贫重要指示，通过"扶贫832平台"和驻村帮扶工作，以购代捐采购贫困村的产品8批次，较好地完成了上级布置的任务，2021年1月12日，湖南省教育厅发布《关于全省高校消费扶贫行动推进情况的通报》中，对我校的消费扶贫工作给予了充分肯定并通报表扬。2021年5月，我校再次派驻帮扶工作队赴汝城县暖水镇洪流村接力乡村振兴工作。同年，学校工会响应党的号召助力乡村振兴，在乡村振兴馆、832平台、在帮扶村采购农副产品440多万元，为推动乡村振兴作出了不懈努力。

4.对教职工的教育作用

中国的脱贫攻坚不仅取得了物质上的累累硕果，也凝聚了砥砺前行的力量。习近平总书记在全国脱贫攻坚总结表彰大会上深刻指出："脱贫攻坚伟大斗争，锻造形成了'上下同心、尽锐出战、精准务实、开拓创新、攻坚克难、不负人民'的脱贫攻坚精神。脱贫攻坚精神，是中

学校工会发放麻阳县张公坡村消费帮扶物资

国共产党性质宗旨、中国人民意志品质、中华民族精神的生动写照，是爱国主义、集体主义、社会主义思想的集中体现，是中国精神、中国价值、中国力量的充分彰显，赓续传承了伟大民族精神和时代精神。"

学校全体教职工通过亲身参与党的脱贫攻坚战，再一次受到党的宗旨和脱贫攻坚精神的教育和洗礼，为提升中医药院校立德树人、服务国家、社会和人民的教育卫生事业提供了强大的力量源泉。

（二）助力疫情防控，服务国家重大战略

1.历史背景

2020年春节至今近三年来，新冠肺炎疫情全球爆发，此消彼长，严重影响了国家经济社会的发展和人民的人身安全和生活质量。党中央、国务院高度重视，习近平总书记多次实地考察慰问医护人员、看望受灾群众，并发表重要讲话，作出重要指示与部署，使中国的疫情防控工作成为全球智慧和方案。湖南省委、省政府高度重视，周密部署，使湖南的疫情得到有效遏制，人民生活安定，经济社会发展趋于平稳。

2.湖南中医药大学的担当

学校党委高度重视疫情防控工作，作为湖南唯一一所中医药高等学校，主动承担服务人民健康的抗疫工作。学校药学院与附属医院快速研制开发了三种中药防疫制剂，向全省发放。以湖南中医药大学为龙头的中医药湘军作为一支抗疫的重要力量，在国家重大抗疫战略中发挥了"革命军中马前卒"的先锋作用。学校先后派出上千名医护人员前往武汉、黄冈、上海、长春、西藏支援。医疗队每一次出征，党委书记、校长都亲自前往车站送行，对医护人员千叮咛万嘱咐，一句"尽职尽责，平安回来"，饱含对教职工的厚爱与牵挂，对人民的担当与深情，送行场面感人泪下。学校积极投身疫情防控和复工复学，2020年5月，新冠肺炎疫情还未完全平稳，基于医学专业的特点，湖南中医药大学以严密的组织和恢宏的气魄，在湖南省高等学校中率先复学，有力彰显了抗疫

斗争中医科大学的担当作为。

3. 学校工会的作为

校工会在学校党委的统一部署下，认真学习领会习近平总书记关于应对新冠肺炎的重要指示，将以人民为中心的重要思想传递给各级工会组织，积极动员职工投入抗击新冠肺炎的工作中。疫情暴发初期，学校工会通过开展形式多样的文娱体育活动、教学竞赛、送温暖活动，引导会员顺利度过疫情期，以饱满积极的状态投入到"停课不停学"和全面复学中。督促落实一线医务人员和职工安全防护措施和待遇保障，加强心理疏导和人文关怀。将新冠肺炎纳入职工互助保障重大疾病范畴，为困难职工发放疫情临时生活补贴，向全校1140名职工发放了抗疫和包券。慰问学校一线抗疫医护人员。接受湖南省教育工会的指示，2020年11月承办了由中国教科文卫体工会、中国职工发展基金会主办的"新冠肺炎疫情抗疫一线医务人员再助力慰问项目"（湖南）物资集

2020年11月17日，中国教科文卫体工会、中国职工发展基金会在
湖南中医药大学举办抗击新冠肺炎湘籍援鄂医护人员集体慰问仪式

第二章 导——坚持党的领导为核心的正确政治方向

2020年11月17日，中国教科文卫体工会、中国职工发展基金会在湖南中医药大学举办抗击新冠肺炎湘籍援鄂医护人员集体慰问仪式宣传片

2020年11月17日，中国教科文卫体工会、中国职工发展基金会在湖南中医药大学举办抗击新冠肺炎湘籍援鄂医护人员集体慰问仪式现场

中发放仪式，接待了来自北京相关单位领导和湖南援鄂医务人员单位的代表共230余人，并组织100多名大学生参加仪式，接受教育，向湖南的援鄂医务人员发放慰问物资1500多份。此项工作得到湖南日报、湖南工人报等多家媒体的报道，进一步提升了我校在全省医卫系统和高等学校中的美誉度。

四、围绕高等学校立德树人的根本任务，服务学校中心和大局

（一）将专家"请进"工会干部队伍，增强工会引领教职工岗位建功立业的能力

列宁在《工会在新经济政策条件下的作用和任务》一文中，就"工会和专家"进行了专门论述。列宁指出："如果我们的一切领导机关，无论是共产党、苏维埃政权或工会不能像我们爱护眼珠那样爱护一切真诚工作的、精通和热爱本行业的专家，那么社会主义建设事业就不可能取得任何重大成就"。进入新时代，湖南中医药大学党委对工会工作的领导得到显著加强，对工会与专家的关系非常重视。学校工会领导班子中，一线教师、专家占很大的比例。学校在组建分工会、工会小组时，更是广泛吸纳专家和教学科研管理服务的能人，增强工会动员与服务教职工的能力。通过酝酿候选人、民主选举，在学校工会委员会16名成员中，有校领导1名、二级单位负责人14名，其中长江学者1名，一线教师和专家教授5名。在21名二级分工会主席中，有芙蓉学者2名，一线专家教授15名。二级学院的工会小组长，许多由热爱工会工作的博士、教授担任，他们既热爱工会工作，又在业务岗位上干得风生水起，既带动了本单位、本部门的业务工作，又促进了工会工作的发展，大大提升了学校工会的影响力、带动力，凝聚力。

（二）引导教职工积极参与学校民主管理监督，为大学发展建功立业

1. 积极推进校务公开，维护教职工民主权利

学校教职工代表大会是校务公开的基本形式，也是教职工参与学校民主管理、参政议政的主要方式。学校工会严格执行教职工代表大会规定，每年上半年开学时，筹备召开教职工代表大会和工会会员代表大会，大会听取和审议学校校长工作报告、工会年度工作报告、学校财务工作报告、工会经费审查委员会工作报告，讨论决定学校重要规章制度、重要事项，使教职工有充分的知情权、表达权。学校工会制定了《湖南中医药大学校务公开实施细则》，建立健全重大事项决策前听证、征求意见工作机制，建立健全特约监督员、民主党派作用发挥平台，完善党务公开、校务公开、院务公开制度，全面加强重点领域、重要事项规范透明运行；工会对职能部门主动公开事项基本目录进行编制与管理，切实保障广大师生的知情权、参与权、监督权、表达权，不断健全阳光管理服务体系，提高学校科学决策、民主决策水平。

2. 积极办理教职工代表提案，保护教职工参与学校建设的热情

办理教职工代表提案是高等学校工会直接服务教学、科学研究和职工生活的重要举措，也是工会干部深入教职工群众的最好机会，校工会对此工作很重视。每年放寒假前一周，学校工会就会发布通知，征集教职工代表提案。每年上半年开学的第三周，学校筹备召开教职工代表大会和工会会员代表大会，在历时近两个月的时间里，代表们广泛开展调查研究，向教代会提交提案。

每届教代会开幕式上，工会都会收到近80多件提案。教代会结束后，工会指派专人分类整理，组织召开民主工作专门委员会会议，研究确定提案承办方式、承办单位或部门，再提交校长办公会审议通过。工会根据校长办公会的决策，逐件发到相关承办部门，并跟踪办理信息。

提案代表与落实提案的行政职能部门负责人见面会

年底召开提案代表与承办单位面对面会议，对提案的落实情况进行反馈和满意度测评。近六年来，工会承办教职工代表提案400余件，帮助职工解决了一系列关于人才培养、科学研究、学科建设、工作条件、教职工福利、道路交通、工资待遇、青年教师成长、家属区建设管理等问题，满足了教职工教学科研的需求与对美好生活的向往，代表对提案的办理情况满意度为百分之百，学校工会进一步彰显其重要作用，得到了教职工的信赖和拥护。

第三章

学——坚持"四有"好老师队伍建设为重点的学习教育

高等学校教师是学校教学工作的主要承担者,是完成党的立德树人根本任务的实际践行者。高等学校工会履行教育职能,就是要引导教职工全面贯彻党的教育方针,坚持社会主义办学方向;加强教师思想政治工作,加强师德师风建设,提升教职工的思想政治素质;开展教师业务培训和教学竞赛,提高教师教书育人水平,从而培养建设一支"四有"好老师队伍。在教职工中深入开展理想信念教育、社会主义核心价值观教育、加强校园文化建设与熏陶,开展师德师风建设,开展爱校、爱专业、爱学生的专业教育活动,是贯彻党的教育方针,完成立德树人根本任务,培养"四有"好教师的途径和方法。

第一节
关于高等学校"四有"好老师队伍建设的重要论述

百年大计,教育为本,教育大计,教师为本。2014年9月9日,习近平总书记在北京师范大学看望教师和学生,观摩课堂教学,进行座谈交流,并发表了《做党和人民满意的好老师》的重要讲话。讲话从实现

"两个一百年"奋斗目标和中华民族伟大复兴的中国梦的战略高度和教育发展大局出发,突出强调了教育和教师的重要地位和作用,明确提出成为一名党和人民满意的好老师要有理想信念、有道德情操、有扎实学识、有仁爱之心的"四有"标准,具有鲜明的针对性和强烈的时代感,充分体现了党中央对广大教师的亲切关怀和殷切期望,是新时代推进教育改革、进一步加强教师队伍建设的重要遵循,也是各级教育工会和高等学校工会切实履行职责、充分发挥作用的行动指南。

一、高等学校教职工"学"的科学内涵

1."学"的科学含义

"学",汉语一级字,读音xue,最早见于甲骨文,其本义是对孩子进行启蒙教育使之觉悟,即表示进行教导,引申相互讨论、模仿、注释、讲述、知识等含义。关于"学"的成语很多,如学以致用、学无止境、勤学苦练等,关于"学"字的古文名句也很多,如:《论语十则》"子曰:学而时习之,不亦悦乎"。《孙权劝学》权谓吕蒙曰"卿今当涂掌事,不可不学"。说明古人非常重视学习,学习是中国人优秀的传统与精神。

2.高等学校工会之"学"的含义

本书所述"学",即工会履行教育职能,通过学习和教育活动,帮助职工不断提高思想政治素质和教书育人水平。工会履行教育职能围绕培养"四有"好老师开展,包括两个方面的内容:一是思想政治教育方面,要在职工中推进社会主义先进文化和社会主义核心价值观学习教育,坚定广大职工对中国特色社会主义的信念,教育广大职工树立中国特色社会主义的共同理想和正确的世界观、人生观、价值观,开展以爱国主义为核心的民族精神和以改革开放为核心的时代精神教育;弘扬中国工人阶级的伟大品格,开展工人阶级优良传统教育和职业责任、职业道德、职业纪律教育,把基础教育、形势任务教育与日常思想工作有机结合。二是文化技术教育方面,工会要积极参与职工教育的管理,积极

参与职工教育规划的制定和职工教育改革工作，维护职工受教育的权益。要通过开展群众性的读书自学和创建学习型组织，开展岗位培训和教学技能竞赛，开展技能教育，提高教师的教学能力和水平，鼓励和引导职工走自学成才、岗位成才之路。

二、高等学校"四有"好老师队伍建设的重要论述

学习是立身做人的永恒主题。作为高等学校的教职工，要坚持教育者先受教育，通过不断学习，牢固树立自己的理想信念；通过学习，不断修炼自己的品行，增强自己的道德水准；通过学习，拓宽自己的知识面，了解知识前沿，教会学生新知识。梅贻琦先生说过："所谓大学者，非谓有大楼之谓也，有大师之谓也。"即大学者，既是学问之师，又是品行之师，这里的学就包括了学问。在新时代的高等学校，加强和改进教职工思想政治工作，就是要通过培养和践行社会主义核心价值观，开展理想信念教育，实施道德建设工程，培养教职工的社会公德、职业道德、家庭美德、个人品德，加强师德师风教育，培养教职工高尚的道德情操和仁爱之心，提高教职工的思想觉悟、道德水平、文明素养。就是要弘扬劳模精神、劳动精神、工匠精神，营造劳动光荣的风尚和精益求精的敬业风气，深入开展教学技能竞赛和教师教学技能培训，提升教师特别是青年教师的教学水平，建设"四有"好教师队伍。

（一）中国优秀传统文化德育思想

中国自古以来重视教育，尤其重视人的高尚道德的教化。《论语》子张云："执德不弘，信道不笃，焉能为有？焉能为亡？"意思是说，实行德而不弘扬，信圣人之道而不笃厚，何能说此人有道德，何能说此人没有道德。西汉经学家孔安国在后两句批注说："言无所轻重也"，就是说，有没有道德都无所谓的这种人，这种人无所轻重。换言之，这种执德不弘、信道不笃之人，对这个世界没有太大的帮助，既无损也无益，没啥轻重的分量。古代教育家孔子创造了以"仁"为核心的道德学

说，他的仁说体现了人道精神。如《论语·里仁》云："君子无终食之间违仁，造次必于是，颠沛必于是。"意思是说，道德高尚的人就是吃饭睡觉时都会按道德标准去做，仓促匆忙的时候是这样，颠沛流离的时候也是这样。《论语·雍也》云"夫仁者，己欲立而立人，己欲达而达人，能近取譬，可谓仁之方也已"，强调乐于助人，是通往"仁"的道路。蔡元培先生的教育理念"教育者，养成人格之事业也"，强调教育的首要任务是对人的理想信念的引领培养和人格的塑造。

（二）新时代对中国优秀教育文化的传承创新理论

习近平总书记推崇中国优秀传统文化中优秀的教育理念，他在2014年9月9日同北京师范大学师生代表座谈时发表了《做党和人民满意的好老师》的重要讲话，指出"四有"好老师的标准：一是好老师要有理想信念。"经师易得，人师难求"、"师者，所以传道授业解惑也"、教师是"千教万教，教人求真"，学生是"千学万学，学做真人"，指出一个没有正确理想信念的人不可能成为好老师。二是好老师要有道德情操。"师也者，教之以事而喻诸德者也""师者，人之模范也。"强调好老师首先应该是以德施教、以德立身的模范。三是好老师要有扎实学识。指出老师应该是"智者"，具备学习、处世、生活、育人的智慧，既能授人以鱼，又能授人以渔，能够在各个方面给学生以指导和帮助。四是好老师还要有仁爱之心。指出教育是一门"仁而爱人"的事业，爱是教育的灵魂，没有爱就没有教育，好老师应该是仁师，没有爱心的人不可能成为好老师。

（三）中国马克思主义者对中医药文化的继承创新理论

中医药是中国优秀传统文化的重要组成部分，中医药对中国和世界人民的贡献功不可没。中国马克思主义者高度重视中医药，就中医药的继承和发展发表了一系列重要论述，作出了重要指示。

1953年，毛泽东同志听取时任卫生部副部长贺诚汇报工作时指出：

"我们中国如果说有东西贡献全世界,我看中医是一项"。1958年10月,毛泽东同志作出著名的批示"中医药学是一个伟大的宝库,应该努力发掘,加以提高。"为中医药的发展指明了方向。毛泽东同志自己信中医、爱中医、用中医。1975年7月,毛泽东的左眼施行白内障手术,就是由中国中医研究院广安门医院眼科医生唐由之先生采用的针拨白内障术。术后第二天,毛泽东坚持取下纱布,戴上眼镜看了近六个小时文件,他很高兴。

习近平总书记高度重视中医药的传承创新与发展。2015年12月22日,他在致信祝贺中国中医科学院成立60周年时指出,中医药学是中国古代科学的瑰宝,也是打开中华文明宝库的钥匙。当前,中医药振兴发展迎来天时、地利、人和的大好时机,希望广大中医药工作者增强民族自信,勇攀医学高峰,深入挖掘中医药宝库中的精华,充分发挥中医药的独特优势,推进中医药现代化,推动中医药走向世界,切实把中医药这一祖先留给我们的宝贵财富继承好、发展好、利用好,在建设健康中国、实现中国梦的伟大征程中谱写新的篇章。2016年2月3日,习近平在江西考察工作期间视察江中集团制药基地——江中药谷时指出:"中医药在世界上的地位越来越重要,中医药是中国的传统文化,具有五千年历史,我们要好好弘扬。中医药是中华民族的瑰宝,一定要保护好、发掘好、发展好、传承好。"

习近平总书记信中医、爱中医、用中医,他多次考察中医药,还将中医药的许多观点、理念、术语应用于治国理政方略。2014年5月9日,习近平在参加河南省兰考县县委常委班子专题民主生活会时的讲话中指出:"作风建设是立破并举、扶正祛邪的过程。立什么,破什么,需要好好把握"。2016年3月7日,习近平参加十二届全国人大四次会议黑龙江代表团审议时在讲话中指出:"要充分调动广大干部积极性,不断提升工作精气神。"

习近平总书记关于中医药的一系列重要讲话,为中医药的传承精华和守正创新指明了前进的方向。

（四）中国特色社会主义先进文化思想

社会主义先进文化是以马克思列宁主义、毛泽东思想、邓小平理论、"三个代表"重要思想、科学发展观和习近平新时代中国特色社会主义思想为指导的文化，是服从服务于党在社会主义初级阶段基本路线、为改革开放和现代化建设提供精神动力的文化，是弘扬民族精神、凝聚各族人民意志和力量、积极向上的文化，是继承和发扬中华民族一切优秀文化传统、具有中国特色的文化。

2016年1月18日，习近平在省部级主要领导干部学习贯彻党的十八届五中全会精神专题研讨班上的讲话中指出，"坚持社会主义先进文化前进方向，用社会主义核心价值观凝聚共识、汇集力量，用优秀文化产品振奋人心、鼓舞士气，用中华优秀传统文化为人民提供丰润的道德滋养，提高精神文明建设水平。"深刻把握中国特色社会主义先进文化的内涵，就是要坚定道路自信、理论自信、制度自信、文化自信，深刻理解、把握、培育、践行社会主义核心价值观这一根本任务，坚持中国特色社会主义文化发展道路，坚持社会主义先进文化前进方向。同时要大力弘扬劳模精神、劳动精神和工人阶级的伟大品格。

习近平总书记关于"四有"好老师标准，关于建设社会主义先进文化的论述，具有鲜明的针对性和强烈的时代感，充分体现了党中央对高等教育和高等学校教师的亲切关怀和殷切期望，是新时期推动高等教育改革，进一步加强高等学校教师队伍建设、加强学校文化建设的重要遵循，是高等学校工会切实履行职责、充分发挥教育职能、开展以培育和践行社会主义核心价值观为主要内容的教职工思想政治工作的行动指南。

第二节 高等学校"四有"好老师队伍建设的路径

百年大计，教育为本，教育大计，教师为本。当前世界的综合国力竞争，说到底是人才竞争，人才越来越成为推动经济社会发展的战略性资源，教育的基础性、先导性、全局性地位和作用更加突显。党和人民需要培养的是中国特色社会主义事业的建设者和接班人。教师是培养人的工作，培养党和人民满意的好老师是一项推进教育改革的基础性工作。我国已进入全面深化改革的新时期，教育领域结合改革正在逐步深入。广大教师是教育改革的先行者、主力军和必须依靠的力量，他们身处教育一线，对学生的需求最了解，对教育改革发展中存在的问题最熟悉，对改革的必要性、重要性和紧迫性认识更深刻。培养人民满意的好老师是培养中国特色社会主义事业建设者和接班人的根本要求，是办好人民满意的教育的迫切需要，是实现中华民族伟大复兴中国梦的重要保障。

一、准确把握"四有"好老师标准

（一）有理想信念是成为好老师的根本

习近平总书记指出："老师肩负着培养下一代的重要责任。正确理想信念是教书育人、播种未来的指路明灯。"好老师心中要有国家和民族，始终同党和人民站在一起，把教书育人事业与国家民族的奋斗目标、前途命运联系起来，明确自己肩负的使命和责任，以"传道"为第一责任和使命，既做"授业""解惑"的"经师"，又做"传道"的"人师"。好老师是社会主义核心价值观的自觉践行者、积极传播者，用学识、阅历、经验和实际行动激发学生向往和追求真善美。

（二）有道德情操是成为好老师的前提

习近平总书记强调："教师的职业特性决定了教师必须是道德高尚的人群。合格的老师首先应该是道德上的合格者，好老师首先应该是以德施教、以德立身的楷模。"好老师要在自我修养的不断提升中实现道德追求，自觉坚守精神家园，以模范行为影响和带动学生，引领和帮助学生把握人生方向。好老师要忠诚和热爱所从事的职业，始终牢记"选择做教师，就选择了奉献。"远离功利之风，潜心教书育人。

（三）有扎实学识是成为好老师的基础

习近平总书记指出："扎实的知识功底、过硬的教学能力、勤勉的教学态度、科学的教学方法是老师的基本素质，其中知识是根本基础。"一个好老师，要有胜任教学的专业知识、广博的通用知识和宽阔的胸怀视野。一个好老师，要掌握教学智慧，具有学习、处世、生活、育人的智慧，既授人以鱼，又授人以渔。一个好老师，要树立终身学习的理念，站在知识发展前沿，严谨笃学，不断为学生提供鲜活的知识清泉。

（四）有仁爱之心是成为好老师的关键

习近平总书记强调，"教育是一门'仁而爱人'的事业，爱是教育的灵魂，没有爱就没有教育。好老师应该是仁师，没有爱心的人不可能成为好老师。"一个好老师，要心中有爱；通过用真情、真心、真诚拉近与学生的距离、滋润学生的心田，成为学生的好朋友和贴心人。一个好老师，要心中有责任；爱是责任和付出，选择当老师，就要尽到教书育人、立德树人的责任，这种责任体现在平凡的教学管理中对学生的体贴与关心、尊重与理解、奉献与付出。一个好老师，要平等地对待每一个学生，尊重学生个性，理解学生情感，让学生感受到公平，从而健康成长，成为对社会有用之才。

二、加强教师职业道德建设

教育工作的根本任务是立德树人。教师的职业特性决定了教师必须是道德高尚的人群。习近平总书记在《做党和人民满意的好老师》的讲话中突出强调了师德的重要性，他引用韩愈关于"师者，传道授业解惑也"，强调"传道"是第一位的责任，要求广大教师以德施教、以德立身，做中国特色社会主义共同理想和中华民族伟大复兴中国梦的积极传播者。

（一）把师德建设放在首位

培养教师，首先重在师德。高等学校深入学习贯彻习近平总书记的讲话精神，一要坚持以社会主义核心价值观为引领，进一步健全师德建设长效机制，不断营造以德育师的制度环境。二要加强教师思想政治教育，开展形势政策教育，不断提高教师的思想政治素质和道德修养。三要加强中华优秀传统文化教育，提高教师的民族文化自信和价值观自信。四要全面落实高等学校教师职业道德规范，建立师德建设长效机制体系，推进师德建设制度化、规范化。五是从教师成长的第一步培养环节抓起，形成课堂教学、校园文化、社会实践多位一体的育人平台，加强学校文化建设，注重对教职工的校园文化熏陶，以文化人。六是突出师德激励，健全优秀教师表彰奖励制度，严格师德监督考核，实行师德表现在职称评审、教师考核、聘任聘用中的"一票否决制"。

（二）教师职业道德建设的主要措施

加强教师职业道德建设是高等学校全面贯彻落实党的教育方针、完成立德树人任务的根本保证，是进一步加强和改进大学生思想道德建设和思想政治教育的迫切要求。教师职业道德建设的目标，就是要通过加强教师职业道德建设，使广大教师特别是青年教师进一步树立远大理想和敬业奉献精神，掌握先进的教育理念、教育方法和教育手段，不断增强教书育人能力；进一步健全规范师德建设的各项制度和长效机制，进一步确立良好的师德风范和师德形象。要完成这个目标，必须采取有效的措施。

1. 形成党政工齐抓共管的工作格局

建立和完善高等学校党委统一领导、党政工齐抓共管、相关职能部门和党委工作部门分工负责、协调合作、教师自我约束的领导体制和工作机制。高等学校党委书记和校长要承担起师德建设的主体责任。要建立一岗双责的责任追究机制。充分发挥工会、教职工代表大会在师德建设中的作用。基层党组织在师德建设中要发挥战斗堡垒作用，广大党员干部要以身作则，力行师德规范，做遵守和践行师德的楷模。

2.健全师德建设培育和管理机制

首先是健全培育机制；要多渠道多层次地加强各种形式的师德教育，加强和改进教师思想政治教育、职业理想教育、职业道德教育，重视法制教育，加强教师心理健康知识培训，加强学风和学术规范教育。要建立和完善高等学校德育工作者培训制度。加强对班主任、辅导员等德育工作者进行师德教育专题培训。建立和完善新教师岗前师德教育制度。将《高等学校教师职业道德规范》作为高等学校教师职业道德行为准则，组织开展形式多样、主题鲜明的德育教育活动和教书育人主题活动。要对教师的思想、言行、仪表等提出具体要求，树立良好的师表形象。

其次是健全评价机制。将《高等学校教师职业道德规范》作为高等学校教师师德考核评价的基本要求，坚持学生评价、同行评价、督导评价、领导评价，对教师教学态度、履行岗位职责情况、师德状况、教书育人等情况进行重点考核，并将结果存入教师档案，作为教师绩效考核、岗位聘用、职称评审、评先评优的重要依据，严格执行师德"一票否决制"。

再次是健全约束机制。完善学生、家长、教师同行、社会参与的师德监督机制。设立师德意见举报信箱、投诉电话等投诉举报平台，及时纠偏。健全违反师德行为的惩处机制。严格执行教育部相关规定，违者依法依规分别给予警告、记过处分，以及降低专业技术职务等级、撤销专业技术职务或行政职务、解除聘用合同等处理。建立问责机制。对教师严重违反师德行为监管不力、拒不处分、拖延处分或推诿隐瞒、造成不良影响或严重后果者的，要追究学校主要负责人责任。

最后是健全激励机制。将师德表现作为评先评优、岗位聘用的首要条件，定期开展优秀教师、师德标兵、优秀班主任、优秀辅导员、优秀德育工作者、德育工作先进集体等评选奖励活动，树立师德先进典型，发挥先进典型示范作用，激励全校教师不断提高师德修养。

3. 营造师德建设的良好氛围

深入培育与践行社会主义核心价值观，大力开展"中国梦·劳动美"宣传教育活动，推动形成团结奋进、健康向上的校风，为教师创造实现自身价值、陶冶高尚情操的机会和舞台，促使教师将社会主义核心价值观内化于心、外化于行，把提高师德修养变成自觉自愿的内在需要和外在言行。进一步加强校园文化建设，以校园文化陶冶教职工情操，培养教职工爱学校、爱学生、爱专业的职业操守。进一步加强师德先进典型的宣传力度，发挥先进典型的榜样示范作用，组织师德典型和优秀教师事迹报告会，举办师德论坛，促进师德建设的理论创新、制度创新、管理创新，推动师德建设工作实现科学化、制度化。

三、广泛开展教学技能竞赛与岗位练兵

高等学校开展群众性教学竞赛活动既是提升教师素质、促进教师职业发展的重要手段，又是激发教师教学积极性、主动性、创造性，发挥教育综合改革主力军作用的重要途径，还是高等学校工会围绕中心服务大局的重要抓手。

（一）高度重视开展群众性的教学技能竞赛，真正达到竞赛目的

高度重视教学竞赛，从提高教学水平、推进教学改革、加强师德师风建设等高度认识和重视教学竞赛，不断焕发广大教职工的工作热情和创造活力。要适应不同教职工群体的特点，进一步拓宽竞赛领域、丰富竞赛内涵、创新竞赛载体，最大限度地把广大教职工吸引到竞赛的活动中来，不断扩大竞赛活动的覆盖面，不断提高教职工的参与率。要着眼竞赛的科学化和常态化，持续开展教学竞赛，进一步激发广大教师不断更新教学理念、改进教学方法的积极性和主动性，提升对教学工作的重

视程度，真正达到提高教师教学水平和学校教育教学质量的目的。

（二）完善竞赛的评价指标与构成要素，真实反映教学水平

高质量的教学竞赛，组织者必须考虑完善竞赛的构成要素、科学合理地设计评价指标。教学竞赛包括竞赛的指导思想、组织程序、竞赛主题、内容、评分规则、时间要求、奖励办法等多方面的要求。因此既要有教学技能的要求，又要有专业技术的要求，既要涵盖课内也要体现课外，既要考虑赛场也要考虑随机听课，既要考虑理论教学也要考虑实验教学，达到真实反映教师的教学水平、促进参赛教师自觉提高自身教学水平的目的。

（三）构建教学竞赛的激励机制，巩固教学竞赛的成果

教学竞赛有利于提高教学质量，学校要构建合理的激励机制，动员广大教师参与，动员教务管理部门、教学评价部门、工会开展经常性的教学竞赛。制定和完善相关规定，对竞赛获奖的教师授予荣誉称号，在申报教学专业技术职务时实施不同的分级奖励办法，在评先评优、工资晋级、外出进修提高、人才项目等方面，在同等条件下对获奖教师优先考虑。要推广竞赛经验和成果，组织参赛教师座谈会，充分交流参赛体会，让参赛教师为其他教师介绍参赛经验，网站上分享获奖教师的录像视频，达到以点带面、共同提高的目的。

四、发挥先进典型教育引导作用

为实现中华民族伟大复兴中国梦而奋斗，是新时代中国工人运动的时代主题。坚持弘扬劳模精神、劳动精神、工匠精神，是工会组织引领教育广大职工的重要抓手，是工会组织践行社会主义核心价值观的生动体现。在实现中国梦的进程中，要充分发挥工人阶级的主力军作用。高等学校工会要大力弘扬伟大的劳模精神，发挥劳动模范的作用，坚持崇尚劳动、造福劳动者，全心全意依靠广大教职工群众，奋力开创科学发

展新局面。

（一）高举劳动光荣大旗

大力倡导劳动光荣。高等学校工会组织要紧扣坚持和发展中国特色社会主义这条主线，在教职工中宣传"中国梦·劳动美"的理念，开展相关活动，形成劳动光荣的校风。引导教职工自觉培育与践行社会主义核心价值观，坚定理想信念，不断增强中国特色社会主义的理论、道路、制度、文化自信，把个人理想与教育事业发展、民族振兴结合起来，始终做坚持中国道路的柱石，始终做弘扬中国精神的楷模，始终做凝聚中国力量的中坚，汇集起促进教育事业和高等学校发展、推动社会进步的强大合力。

以科技创新焕发教职工劳动热情。发挥高等学校科技创新优势，继续开展以"创新谋发展"的劳动竞赛、教育教学改革创新等教学技能竞赛活动，为高等学校教师展示聪明才智、释放创造潜能、为学校发展建功立业搭建平台。充分发挥工会"大学校"的作用，深化教职工素质工程建设，加强职工文化建设，丰富教职工群众文化生活，不断发展工人阶级的先进性，培养与造就党和人民满意的"四有"教师队伍。

（二）大力弘扬劳模的伟大精神

劳动模范作为中国工人阶级中一个闪光的群体，虽然他们所处时代、行业、岗位不同，但他们有一个共同的特质，那就是以高度的主人翁责任意识、卓越的劳动创造理念、忘我的拼搏奉献精神，始终走在工人阶级劳动群众前列，享有崇高声誉，深受人民尊敬。在他们身上集中体现的"爱岗敬业、争创一流、艰苦奋斗、勇于创新、淡泊名利、甘于奉献"劳模精神，是工人阶级伟大品格的生动体现，是民族精神和时代精神的重要内容。高等学校工会要按照习近平总书记的要求，大力弘扬劳模精神，引导广大教职工群众尊重劳模、学习劳模、争当劳模，使劳模精神成为推动高等学校教学与科技创新的核心动力。通过设立"劳模创新工作室"，促进劳模由普通教师向技能型教师转变、从教学模范向创新模范转变、从行业标兵向社会标兵转变。大力宣传劳模的先进事迹，充分发挥道德的力量、典型的力量、旗帜的力量，用劳模精神引领风尚、鼓舞士气、激发干劲，形成教学、科技创新的强大合力，推动高等学校创新性发展。工会干部要带头发扬劳模精神，大力弘扬真抓实干、埋头苦干、甘于奉献的良好风尚，推动形成崇尚劳模、学习劳模、争当劳模、关爱劳模的浓厚氛围。

第三节　湖南中医药大学实践

学校坚持以马克思主义、毛泽东思想、邓小平理论、"三个代表"重要思想、科学发展观、习近平新时代中国特色社会主义思想为指导，以社会主义先进文化、理想信念教育和社会主义核心价值观教育、学校文化熏陶、"四有"好老师教育、中医药文化精髓为文化教育主要内容，加强师德师风建设、加强育人环境治理为主要措施；形成学校党委、行政、工会主抓，各二级党组织和职能处室主管，党员领导干部、教职工、民主党派人士、学生共同参与，多渠道、多视角、多维度、多层次的思想政治工作格局。2022年12月，学校被湖南省总工会评为"职工职业道德标兵单位"。

一、以文化建设锤炼教师职业道德

文化是民族的血脉，是人民的精神家园。以满足人民群众精神文化需求为出发点和落脚点，以改革创新为动力，发展面向现代化、面向世界、面向未来的文化，培养高度的文化自觉和文化自信，提高全民族文化素质，增强国家文化软实力，弘扬中华文化，努力建设社会主义文化强国，这是党中央明确提出的深化文化体制改革、推动社会主义文化大繁荣大发展的重要方针，也是高等学校加强学校文化建设，不断满足教职工日益增长的精神文化需求，以先进文化引导广大教职工形成良好道德品质的行动指南。

（一）深刻把握社会主义先进文化的内涵，加强社会主义核心价值观教育

学校坚持党委把方向、定内容，党委宣传部、马克思主义学院、学校工会落实的社会主义先进文化学习教育活动。深刻把握社会主义先进文化的内涵，着力培养践行社会主义核心价值观。

（1）加强湖南省重点马克思主义学院和湖南省中国特色社会主义理论体系研究中心基地建设，打造马克思主义教学、研究、宣传的坚强阵地，采用理论中心组学习、形势报告会、线上线下论坛、征文比赛等方式，深入推进习近平新时代中国特色社会主义思想"三进"工作，大力弘扬社会主义核心价值观，努力培养一批具有社会主义道路自信、理论自信、制度自信、文化自信的教师。

（2）构建大思政格局。开展"书记第一课堂"，设立全省高校首个党代表工作室，推进课程思政和"十大育人体系"建设，推进思想建设、先进文化传播。

（3）加强社会主义核心价值观核心要义的宣传、学习、解读，让富强民主文明和谐、自由平等公正法治、爱国敬业诚信友善深入人心。学校先后组织专题讲座，聘请专家宣讲改革开放以来党和国家在文化建设、制度保障、经济建设、维护稳定、维护公平正义方面采取的一系列措施及取得的辉煌成就，以此教育职工坚定社会主义道路自信、理论自信、制度自信、文化自信，以此教育职工加强个人修养，爱国敬业诚信友善，与新时代发展同频共振，书写出彩人生。

（二）加强学校文化建设，提升教职工的精气神

学校文化是在一定社会大文化环境下，经过学校领导者长期倡导和教职工长期实践所形成的、具有本校特色的、为全体教职工普遍遵守和

奉行的价值观、行为准则、道德规范和传统习惯的总和。学校文化是一所学校持续健康发展的重要保障，是凝聚教职工共识的精神动力。

1. 弘扬湖南中医药大学校史文化

1933年冬，湖南中医药界名流吴汉仙、张牧庵、易南坡、刘岳仑、佘华龛、王纾青、郑守谦、郭厚坤、黄菊翘等人发起创建湖南国医专科学校，1934年春，正式成立湖南国医专科学校。学校历经战火纷飞的抗日战争、解放战争时代，中医险被民国政府取缔，一代又一代中医药人坚持中华民族优秀文化自信，传承中医药，强力支撑中医药事业的发展。学校由进修学校到学历教育院校，由专科到本科直至拥有研究生教育和留学生教育资格，由湖南中医学院更名为湖南中医药大学，由二本院校升到一本大学，由只有中医药学一个单一的医科门类到拥有医、理、工、管、文五个学科门类，由一百亩土地的院落扩建到一千多亩土地的大院。80多年来，有多少湖中医人付出了努力、奉献和牺牲，这是一段辉煌的历程，更是一缕璀璨的文化，它将照耀一代又一代湖湘中医人砥砺前行，服务于党和国家的医疗卫生事业，服务三湘大地人民的健康。

学校在含浦校区建有校史馆、针灸陈列馆，旨在弘扬学校艰苦创业、文化自信、大医精诚的中医精神。校史馆接待过一批又一批来校访问的上级领导、专家学者、社会名人、志愿献身中医的青年才俊，更成为本校教师爱校教育和师德教育基地。

2. 弘扬湖南中医药大学"文明求实、继承创新"的校训文化

中医药教育是湖南中医药大学的特色和主业，认真钻研老祖宗留给我们的中医药理论和宝贵经验，深刻领会习近平总书记关于新时代传承和发展中医药的重要指示精神，以"文明求实、继承创新"校训内涵，以中医药的理念教育教职工，是学校文化建设的又一举措。

湖南中医药大学坐落于中国历史文化名城长沙，是湖南省重点建设本科院校，是全国首批设立国家级重点学科的高校，也是全国首批招收

博士研究生、留学生及港澳台学生的中医药院校。2006年经教育部批准更名为湖南中医药大学，2012年进入湖南省一本招生序列，2018年成功入选湖南省高等学校"国内一流建设高校"。2021年学校临床医学、药理学与毒物学进入ESI学科全球排名前1%。学校坚持特色办学理念，中医药学科特色全面提升；学校坚持人才强校战略，师资队伍水平全面提升；学校坚持质量办学理念，人才培养质量全面提升；学校坚持科技强校战略，社会服务能力全面提升。

1986年，在中共湖南中医学院第三次党员代表大会上，确定"文明、求实、继承、创新"为学校校训。2009年5月20日，在湖南中医药大学第一次教代会暨工代会上，到会代表111人全票通过了《湖南中医药大学章程》，规定学校校训为"文明求实，继承创新"。从此，学校将校训刻在大学校门，刻在学校的文化用品上，更刻在教职工的心里。

文明、求实是学校的灵魂。几十年来，我们继承中医药学的人文精神和科学精神，形成了严谨、求实、勤奋、进取的精神风尚。这一精神风尚是湖南中医药大学发展的不竭动力，更是学校在新的平台上盎然前行的有力保障。

继承、创新是前进的动力。湖南中医药大学是一所以中医、中药为主，医、理、文、管、工共同发展的高等院校，要办成特色鲜明、优势突出、多学科协调发展的高水平研究型大学，必须牢固确立继承是坚实的基础、创新乃不竭动力的理念，善于继承国医精华，汲取创新力量，注重内涵建设，走特色发展的道路，不断提升学校综合办学实力和核心竞争力，努力实现学校的跨越式发展。

面向未来，湖南中医药大学全体教职工始终秉承"文明、求实、继承、创新"的校训精神，坚持"质量办学、特色办学、开放办学"的理念，遵循现代高等教育发展规律和人才培养规律，充分发挥中医药特色优势，深化综合改革，强化内涵建设，努力建设同类一流、国际知名、中医药特色鲜明的高水平教学研究型大学。

3.制作宣传推广使用校歌文化

"湘水悠悠，源远流长；美丽的校园，国医殿堂；风雨里携手，携手向前，歌声中步履，歌声中步履铿锵；文明求实，砥砺精诚；继承创新，谱写华章；我们彰显科学的智慧，千年杏林焕发生机，橘井长飘香。

岳麓巍巍，桃李芬芳；时代的骄子，奋发图强；学海里扬帆，扬帆起航；阳光下放飞，阳光下放飞梦想；精德修业，弘扬国粹；耕耘播种，收获希望；我们心系人类健康，中华医学走向世界，岐黄永辉煌。"

2010年是湖南中医学院建校50周年，学校为此举办了盛大的庆典。为了更好地体现学校人文精神、办学特色和凝聚师生、振奋精神，也为了湖南中医学院更名为湖南中医药大学有一个新的开始，时任学校党委副书记陈弘主创，并邀请了专业人士一起，以"文明、求实、继承、创新"的校训精神为主线，创作了湖南中医药大学校歌《放飞梦想》。校歌旋律朗朗上口，广受好评，迅速在师生中传播开来。在50年校庆晚会的现场，在国旗升旗仪式的现场，在学唱校歌比赛的现场，校歌出现在学校的各种场合。

2021年11月1日，是湖南中医药大学（湖南国医专科学校）建校87周年校庆日，400余名海内外校友、在校师生齐聚云端同唱校歌《放飞梦想》，表达着对学校的深厚情谊和美好祝愿。本次云唱校歌MV由党委宣传统战部为献礼学校87周年校庆策划制作，携手校友会、校团委共同出品。在这个特殊的时刻，湖南中医药大学党代表工作室、名教师工作室、长江学者科研团队以及42个校友分会的校友代表等云端集结，校（院）党委书记秦裕辉、校（院）长戴爱国倾情参与，呈现了新老师生同频演绎、叙旧畅新的温馨场面。校歌MV一经发布，各平台播放点击量马上到达了近21.8万，迅速在海内外师生中引起强烈反响，收获广泛好评。

站在新时代新起点，88岁的湖南中医药大学，正活力青春展望未来，湖南中医药大学将以更宽广的视野、更高远的站位、更有力的行动，传承精华、守正创新。《放飞梦想》以它娓娓道来的声韵，以它深厚的文化内涵、以它磅礴的气势，一直飘扬在大学上空，激励着湖南中医药大学教职工为建设高水平教学研究型大学而努力奋斗！

4. 弘扬中医药文化精髓

中医药发祥于中华大地，作为一种独特的卫生资源，它在数千年的医学实践中不断吸收和融合各个时期的先进科学技术和人文思想，不断创新发展，理论体系日益完善，技术方法更加丰富，形成了独特的生命观、健康观。中医药学作为中华优秀传统文化，是我国文化软实力的重要体现。

中医药学的两个基本特征是整体观念和辨证论治，生动体现了中医药学深邃的哲学智慧，蕴含着中医药学生动丰富的世界观、生命观和方法论。天人相应、形神一体、治病求本的中医药学整体观念，辨证论治的整体体系，不但被用于防病治病，而且被用于日常生活之中乃至治国理政方略。

将中华文明古代经典思想与中医药学理论和临床结合起来，形成的"行方智圆、心小胆大"的系统认识，是中医药学的思维方式和行为方式，也是药王孙思邈一贯主张并对中医药的重要贡献之一。孙思邈嘱咐医者"行欲方而智欲圆，心欲小而胆欲大"。"行方"说的是医者的言谈举止、动机行为要纯正、仁义、稳重、端庄，精求医典，不要有贪图之念，患者不分贵贱，对患者疾苦深怀悲悯之心。"智圆"说的是医者要将"天人相应""身心合一"的理念与不同对象、不同时间、不同职业、不同体质、不同秉性的病者的病因病机紧密结合，灵活运用，以求知常知变，以取得最好的诊治效果。"心小"说的是诊断时必须详察细辨，必须谨记"人命至重"，不能有丝毫差错，应当十分仔细、十分认真、十分小心。"胆大"说的是治疗，就是在心正、理正、细诊、详察的基础上要有决断，不能模棱两可。

中医药学具有"上医医国、中医医人、下医医病"的杰出功能。唐代孙思邈在《千金要方·诊候》中说"古之善为医者，上医医国，中医医人、下医医病"。这里的"上、中、下"不是价值判断，而是中医既可治国，又可治人，还可以治病的逻辑概念。中医药学同时具时治国、治人、治病的三项功能，这是自春秋战国《国语》提出此思想至今两年多年来，在对中华文明各个学科的评价中是唯一的。

"行方智圆、心小胆大"与中医药学"整体观念""辨证论治"两个基本特征相结合，形成了中医药学特色鲜明的思维方式、行为方式，是中医药学的三项功能，生动体现了中华文明和中医药学"天人相应""以德为先""精益求精""'行为'为要"的杰出品格。中医药学具有"上医医国、中医医人、下医医病"的杰出功能，充分说明了救治患者与治国的关系，既是对中医药学基本特征的概括，又是对中医药文化精髓的揭示，为中医药学传承与创新提供了基本遵循。

中医药学作为打开中华文明宝库的钥匙，将成为中华文明复兴的开路先锋，助力社会主义文化强国的建设。作为主流学科，中医药学是湖南中医药大学生存、发展的基石。学校在主抓中医药人才培养、科学研究、服务国家重大战略和人民健康的同时，注重争当中医药文化建设的先锋，建设湖南省中医药博物馆，湖南中医药大学湖南省中医药文化研究基地，大力开展中医药文化进中小学校园、进教材、进社区、进农村、进家庭活动，助力湖南省中医药文化高地建设。以中医药文化精髓涵养教职工，不断加强中医药人才和专业教师队伍建设，注重挖掘中医药课程思政元素，强化大医精诚，强化中医药的担当与使命，不断加强教学、医疗行业师德师风、医德医风建设，整治医疗行业不正之风，使中医药文化既能涵养大学的发展，又能涵养师生的成长，助力"四有"好老师队伍建设。

（三）建设优美的校园人文景观，激发教职工爱校为校兴校热情

大师、大树、大楼是一所大学厚重的历史文化底蕴和现代气息的集

中体现。湖南中医药大学注重以校园文化景观涵养精神，为教职工和学生创造舒适愉悦的工作、生活、学习、成长环境。学校新校区位于湘江之滨、岳麓山下、橘子洲头西南，赓续中国优秀传统文化之脉，沐浴中国红色文化之光。学校占地一千二百亩，教学区、实验区、办公区、学生住宿区、体育锻炼区、学生活动中心、图书馆、后勤保障区、风景休闲区区位分明，形成大楼高耸、大树林立、大师云集、名花荟萃、"亭"亭玉立、他山之石镇园、中医药文化景观独具特色的校园文化景观。

学校人文景观中医药特色鲜明，既是校园美丽的风景，又是励志的座右铭。"像""石""亭""湖""景"风景独特秀丽，既以景迷人，古代传统文化、中医药文化底蕴浓厚，又以文化人。景能养眼，文能养心。校园的美丽风景使人赏心悦目，牢记中医药的初心，师生的工作和学习信心倍增。

1. "像"——学有榜样

在中华民族优秀传统文化中，中医药是杰出代表。历代中医药名家为中医药积累了宝贵的专业经验和优秀的医德，值得后人传承学习。中医药石雕名人聚集学校，直观、随时警示学生加强专业学习，弘扬高尚医德，服务社会和人民。中医药鼻祖炎帝高高伫立，镇守三号教学楼与大学办公楼对视，嘱托大学铭记神农氏尝百草开创中医药的艰辛。扁鹊、张仲景、华佗、皇浦谧、孙思邈、李时珍、叶天士伫立于学生聚集的南大门广场，守护着迎宾路上"医学生誓言"，也守护着湖南中医药大学的发展与未来，可谓用心良苦。湖南"中医五老"风雨无阻，伫立图书馆广场花园，仍然在为湖南中医药事业潜心"讨论研究"。外国人士南丁格尔为中医药精神感动，提灯照护中国中医药前途的光明。此外，在药植园、学生宿舍周边、休闲区，还伫立着形状大大小小的中医药历史名人石雕。让历史告诉未来，中医药的传承创新发展是紧迫的、必然的，需要中华民族子子孙孙发扬光大。

位于三号教学楼南广场的炎帝，与一号办公楼对视

迎宾路与南大门广场交界处的"医学生誓言"

第三章 学——坚持"四有"好老师队伍建设为重点的学习教育

南大门广场南端的孙思邈石雕

南大门广场南端的李时珍石雕

第三章　学——坚持"四有"好老师队伍建设为重点的学习教育

湖南"中医五老"雕像

2. "石"——学有动力

"它山之石，可以攻玉"，意思是别的山上的石头坚硬很好，可以用来琢雕玉器。80多年来，湖南中医药大学人才辈出，为国家和社会培养了大批中医药人才，为中国中医药教育、卫生事业作出了杰出的贡献，学校本身就是"它山之石"。学校培养并拥有一大批诸如国医大师、长江学者、岐黄学者、全国名中医、全国教学名师、国家百千万人才工程人选、国家有突出贡献的中青年专家、全国优秀科技工作者、全国百名杰出青年中医、全国教育世家代表、国家级课程思政教学名师、中国好医生、享受国务院特殊津贴专家等国家级中医药人才；学校还拥有一大批在全国中医药界乃至世界中医药联合会有影响力的学术专家、学术带头人、领军人才，他们为中国的中医药教育、健康中国建设、脱贫攻坚、疫情防控做出了重大贡献。

"大医精诚"耸立于迎宾大道北端与图书馆广场南

第三章 学——坚持"四有"好老师队伍建设为重点的学习教育

"文明求实、继承创新"伫立在南大门广场东面行政楼花园入口

"传岐黄仁术,育杏林精英"伫立在南大门广场西侧

第三章 学——坚持"四有"好老师队伍建设为重点的学习教育

"和",坐落在图书馆广场西侧的森林植物园

"耕耘"以一座牛的形象，伏在图书馆广场的东侧

学校大大小小有寓意的石头上百座，遍布在校区的要道和各个角落，突显学校对人才的重视，对为国家培养中医药人才的决心。"大医精诚"耸立于迎宾大道北端与图书馆对峙，沐浴日月之辉，涵养湖湘中医人的精气神，学校贤才辈出。"文明求实、继承创新"伫立在南大门广场东面行政楼花园入口，让人进南大门就可以看到，它既是湖南中医药大学的校训，又守护中医药学的过去、开创中医药的未来，学校良医辈出。"传岐黄仁术，育杏林精英"伫立在南大门广场西侧，它是学子对母校的感恩铭记。"和"，坐落在图书馆广场西侧的森林植物园，教育学生"和为贵"，也昭示中医药的睿智、和合开放与包容。"耕耘"以一座牛的形象，伏在图书馆广场的东侧，诠释湖湘中医人为祖国的中医药教育倾情奉献、甘为孺子牛的决心，学校名师辈出。湖湘中医人以其勤奋、执着、精诚、仁爱精神，踔厉奋发，书写着湖南中医药事业的辉

煌，使湖南中医药大学始终走在全国中医药院校前列，逐步走向世界。这种精神激励着一代又一代中医药后人砥砺前行。

3. "亭"——学有品位

亭是中国古建筑之特色，是传统和高贵的象征。学校"亭亭"玉立，大大小小的亭子有十几座，给具有现代大学气息的湖南中医药大学增添了古文化的特色和美感。伫立在新月湖西南角的"泮亭"古朴高雅，亭足下九曲回旋的深红色木栈道，使人联想起烟雨濛濛的江南和月色朦胧的秋夜，倜傥书生与名门闺秀在"泮池"研读的诗情画意。腹有诗书，心有远方，是大学对学生的期待，是中医药走向未来的希望。新月湖东南角的"敬师亭"，是学子捐赠的，成为含浦家苑老师和七号、八号公寓学生的经常聚集地，那一道风景，描绘着师生情意深深。站在新月湖北面山上的"感恩亭"，可以一览新月湖及含浦家苑的景色，大学天空的蔚蓝、新月湖的宁静，药植园的秀丽、含浦家苑的安详、图书馆的厚重，迎宾大道的端庄，南大门的大气恢宏，尽收眼底。对于湖中大人来说，这就是人间仙境，是求学的地方。位于学校东南角的一剑塘有两个亭子，分别命名"格物亭""致知亭"。"格物致知"是我国古代哲学家、政治家、教育家王阳明先生的思想，原意为"穷究事物原理，从而获得知识"。学校在此建树两亭，旨在教育师生：中医药学是科学的瑰宝，学习与传承中医药，要有科学的态度和勤勉的精神。学校大大小小亭十余座，尖尖的顶、欲飞的檐、稳重踏实的座基、黄色琉璃瓦，是校园传统的风景，也是中医药人铭记过去、开创未来、展翅高翔的决心和信心的写照。

4. "景"——学有情感

湖南中医药大学含浦校区的美景不仅吸引了学子求学，而且吸引星城的民众驻足观光，新湖南、红网等媒体经常报道。它不仅保留在人们的镜头里，更永久保留在学子们成长的青春历程中。

伫立在新月湖西南角的"泮亭"古朴高雅

第三章　学——坚持"四有"好老师队伍建设为重点的学习教育

新月湖北面山上的"感恩亭",饱览新月湖及含浦家苑的景色

新月湖东南角的"敬师亭",是学子捐赠给母校的礼物

位于学校东南角的一剑塘边的"格物亭"和"致知亭"

华佗路粉红色的樱花大道,从生活区穿过学生宿舍区、教学区、实验区、进入体育运动区,装点湖中大粉红的四月。夏天,仲景路直立空中嫩绿色的杏林,让人心神气爽。秋天,学校南大门东侧十亩粉黛花海,是大自然对学校的馈赠与宣传,是星城男女足下追逐的去处、镜头必留的美景、心中的诗和远方。学苑路空中摇曳的栾树舒展绿叶,金灿灿的小花挤满枝头,更加迷人。冬天,求实路红艳的茶梅从国际教育学院院门口一直开放到办公楼,从冬天一直开到春天,它走进了多少人的镜头和影集,走进留学生心中,甚至走向了世界。迎宾路两边四季常青的香樟树,给了风雨中、夏日中的学子多少崇高,多少疼爱,多少庇荫,多少呵护,永远留在新生报到的那一天,留在毕业生的合影里。

校园西北角的药植园占地近二十亩,四季鲜花盛开,既是药学院的实践教学基地,又是学校著名的花园。春天的紫叶李、樱桃花、红梅花、山茶花、白玉兰;夏天的凌霄、金黄色的美人蕉、睡莲、萱草花、

第三章 学——坚持"四有"好老师队伍建设为重点的学习教育

益母草、深红色的龙牙花、粉红色的木槿花、山麦冬；秋天的紫藤花、忽地笑、桔梗、无花果、石竹花、决明；冬天的野菊花攀附在月季花上，明黄深红，蜡梅的冷香、桂花的暖香交织，那一片风景，叫人流连忘返，记忆颇深。

湖中大含浦校园有大大小小独立的花园上百个，遍布校园各个角落，花园里开放着几百种不同季节的鲜花，装扮着湖中大师生的生活，陶冶着师生的心灵。这些美景曾被女作家张觅收录于《四时花事》中，推介、传播，名扬天下。这些花，每年走了，第二年又会如期回来，它们既是历史的又是未来的，如湖中大的校训，如湖中大的昨天、今天和明天一样的灿烂。

静卧在学校最北端的新月湖，如一弯新月，从身后拥抱着图书馆。岸边的垂柳、白玉兰、紫薇环抱着一汪碧水；湖中有两座小岛，树林茂密，四季花香，是鸟和鱼的天堂乐园。新月湖的小岛大大缩减了泰戈尔

秋天美丽的学苑路，是学子们流连忘返的地方

国院交流中心空中摇曳的栾树，金灿灿的花朵挂满枝头

含浦校区南大门东侧的十亩粉黛花海名扬星城

第三章　学——坚持"四有"好老师队伍建设为重点的学习教育

一鉴塘的芦苇丛在秋风中摇曳

含浦校区最北面的新月湖彰几分深沉、几分浪漫

含浦校园西北部的药植园大门，关不住花园四季的风景

药学院的学生在进行实践活动

第三章　学——坚持"四有"好老师队伍建设为重点的学习教育

在药植园小径漫步，花香、药香沁人心脾

药学专业教育中的课程思政

《世界上最远的距离》,给飞鸟和沉鱼相遇相爱相守的家园。湖中大人把医者的仁心发挥得淋漓尽致、和美周全。新月湖是湖中大的标志,毕业多年的校友,想起母校必会想起新月湖,那里留下了他们早读晨练的倩影。湖边三座富有诗意的亭子,或许留下了他们对学术、对社会、对人生问题探讨的足迹,或许留下了他们青春的浪漫、初恋与爱情。

(四)加强学校廉洁文化建设,营造风清气正的育人环境

学校深入落实《关于加强新时代廉洁文化建设的意见》,坚持用革命文化、社会主义先进文化、中华民族优秀传统文化涵养领导干部和师生员工清廉自守、洁身自爱的文化土壤,不断厚植廉洁奉公、廉洁从教的文化基础。打造廉洁文化校园景观,开展清正廉洁先进典型人物挖掘与宣传工作,利用校园网站、宣传栏、"三微一端"等宣传平台营造廉政文化氛围。加强干部和教师的党纪法规和廉洁从业教育,加强日常监督,培养廉洁自律道德操守。同时,将廉洁教育纳入教职工和学生思想政治教育整体规划,推进廉洁教育进课堂,持续加强课程思政工作,把清廉教育贯穿于教书育人的全过程,教育引导师生遵纪守法,树立廉洁意识,系好人生第一粒扣子。加强廉洁文化研究,宣传推介廉洁文化研究成果与先进经验,加强中医药廉洁文化理论研究与实践,做到"未病"早防、"欲病"早治、"已病"严治协同并举,一体推进校园"三不"廉洁文化建设。

学校结合实际定期开展廉洁文化教育,颁发了《关于建设清廉校园的实施意见》,给各个单位、部门定任务、压实责任,形成了党、政、工齐抓共管的工作格局。2022年,学校纪委建设了廉洁文化长廊,评选了首届廉洁从教、廉洁行医、廉洁从政先进教职工,学校立志以古为鉴,开创未来,为学生成长创造一个良好的环境。

(五)加强学校师德师风建设

学校全面加强师德师风建设,深入落实《关于建立健全师德师风建

设长效机制的实施办法》，不断完善师德师风培育、宣传、考评、监督、奖惩、保障体系。严把新进教师政治和品德关口，开展师德师风建设主题教育月活动，教育引导教师恪守师德师魂，践行立德树人。深化教育评价改革，完善师德师风考核制度，将师德师风作为第一标准和"一票否决"事项，贯穿于职称评审、教学评价、人才推荐、聘用管理各环节，认真落实教学督导制度和领导干部听课制度，加强对课堂教学的政治纪律、意识形态把关。开展师德标兵、优秀教师等评选宣传活动，弘扬师德正能量。建立学校、教师、学生、家长、社会广泛参与的师德师风监督体系，严格执行学校《师德行为"负面清单"》《发表学术论文"五不准"》《纵向科研经费使用"负面清单"》等相关制度规定，深化教育行业不正之风专项治理。持续营造优良学风，建立健全教、学、管三管齐下的学风建设长效机制，大力实施"学风建设五项工程"，积极培养严谨治学、奋发向上的优良学风。加强教师职业道德和教学能力常态化培训，激励和约束教师规范教学行为，严格学生课堂纪律和考试纪律，加强学生学业诚信教育和学业课程考核，提高育人效果与教学质量。加强学生思想政治教育，引导学生树立正确的世界观、人生观、价值观，厚植爱国主义情怀和中医药文化自信，增强学生为中医药传承创新发展和中华民族伟大复兴而学习的自觉性和责任感。

（六）发挥师德榜样示范作用

湖南中医药大学优美的校园环境、优秀的学校文化，严格的治学风格，陶冶一代又一代德艺双馨的老师、医师。

2020年春天，学校工会推荐第一附院儿科教授、博士生导师张涤荣获"湖南省先进工作者"，并入选"湖南省敬业奉献道德模范"。张涤深耕临床二十余载，坚持纯中医药治疗，以德立身、以德立教，坚定中医药初心使命，身为全国人大代表，为湖南中医药事业的发展贡献智慧与方案，深得学生、患者家属的赞誉与认同。

湖南省教书育人楷模、医学院卢芳国教授引导新职工入职宣誓

学校第二届工会委员会委员、医学院教师、博士生导师卢芳国教授，热爱教育事业，热爱学生，长期辛勤耕耘于教学一线，以德为先，为学生成长引路，是学校高质量培养研究生的品牌老师，是积极探索科研反哺教学的践行者，是无私奉献、培养大学生创新能力的模范带头人。她47岁跨学科考取博士，50岁顺利毕业，是终身学习、自强不息的示范人。2021年9月荣获"湖南省教书育人楷模"荣誉称号。

榜样的力量是无穷的。学校选树道德模范，在于激励更多的教师为人表率，做党和人民满意的"四有"好教师。

二、提高教职工业务素质

（一）学校党政高度重视师资队伍建设

师资队伍建设是关系高等学校改革发展的基础性、长期性、战略性工程，一流的大学必定是一流的人才高地。学校坚持以习近平总书记关于做好新时代人才工作的重要思想及党和人民满意的"四有"好老师标准为指引，抢抓国家大力扶持中医药事业发展及湖南省建设国家中医药综合改革示范区的重大战略机遇，深入贯彻落实中央和省委人才工作会议精神，遵循中医药人才成长规律与培养特点，坚定不移地推进实施人才强校战略，引才聚才用才政策措施不断创新、力度不断加大，学校教职工的归属感日益增强，为大学的可持续发展提供了坚强有力的人才支撑和智力支撑。

（二）学校工会参与教职工教育管理，促进青年教职工业务素质提升

青年教师的快速成长是学校可持续发展的一支重要力量。激励青年教师成长成才，重在培养他们的教学与科研能力。学校工会积极参与教职工教育的管理，积极参与职工教育规划的制定和职工教育改革工作，维护职工受教育的权益。学校工会参与教务处、党委教师工作部、教师教学发展中心对青年教师的能力培养，明确培养内容、创新培养途径和方法。

在培养内容方面从以下三方面着手：一是以教育教学理念、教学原则、教学方法为中心的教育理论培训；二是不断探索教育教学课程前沿与教学改革创新能力培训；三是科学研究的能力培训。

不断拓展青年教师的培养途径和方法，坚持做到三个结合。一是人才引进与培养本土人才结合。不断引进年轻师资，作好青年人才的储备，既减轻年轻教师授课和科学研究的双重压力，又确保形成人才梯队。坚持以本土人才培养为主、引进为辅的原则，善于在青年教师中发现苗子，进行重点培养、反复培养，储备发展后劲。针对青年教师工作激情高、干劲足、表现欲强的特点，把加强青年教师队伍建设与培养青

年学科带头人、学术骨干相结合，不断提高青年教师的整体素质，激发他们的工作主动性和潜在能力，使其尽快成长。二是走出去与请进来结合。学校做好人才培养顶层设计、研究出台相关政策，鼓励青年教师到国内重点高等学校、科研院所进修学习、出国深造。支持青年教师脱产攻读博士学位，与重点高等学校、企事业单位进行产学研合作，大力支持青年教师参加国内外进修和学术会议，与其他高等学校教师定期交流互访，不断补充和丰富青年教师的专业知识与基础理论，让他们不断接受新知识、新技术，提高青年教师的综合素质、学术水平和科研能力。学校教学、科研职能部门或二级学院、研究所定期聘请校内外专家、学术权威开展学术讲座、学术沙龙，不断拓宽青年教师学术视野。三是创新学校激励机制与青年教师责任考核结合。为青年教师提供有效载体和平台，营造青年教师参与教学与科学研究的良好学术氛围，在体制机制、经费投入上为他们创造条件、提供保障。贯彻人尽其才、才尽其用的原则，为青年教师的发展提供个性化、多样化的服务。对于教学能力强的青年教师则发挥其教学方面的优势，在教学名师、卓越人才培养、职称晋升方面给予一定程度的倾斜，积极鼓励和支持教书育人；对于科研能力较强的青年教师，则让其更多参与科学研究，协助其组织科研团队进行科研攻关，在科研课题、平台、成果、团队和人才项目申报、研究生招生、职称晋升、实验条件改善、科研绩效等方面给予政策倾斜，争取早出、多出科研成果。加强对青年人才的宣传，积极向外推介优秀青年教师和科研骨干，扩大其在国内外学术界的影响。同时，学校敢于给青年教师压担子、定指标、定责任，加强对青年教师的考核，运用好考核结果，奖优罚劣，优胜劣汰，公平合理。以良好的教风、校风和学风，推动青年教师提高教书育人、科学研究、服务国家创新发展的能力，促进青年教师尽快成长成才。

（三）学校按照党和人民满意的好教师"四有"标准，激励教师成长

学校不断推进教职工树立终身学习理念，增强教职工学习的自觉性。学校通过加强教职工理想信念、社会主义核心价值观和师德师风教育、榜样示范、政策引导和激励，引导广大教职工提高自身素质、提高竞争能力和生存能力，更好地适应经济社会发展和教育综合改革的现实。学校树立了学习典型，47岁跨专业考取博士，成为省党代表、省级教书育人楷模、国家二级教授，教学、科研硕果累累的卢芳国教授，为青年教师的成长指明了方向。

学校不断激励教职工成长成才。学校实施人才强校战略，制定了《教师在职攻读博士学位奖励办法》，学校定期举办各种类型的教职工培训班、专题培训班，定期派送教师到国外、省外重点院校进修学习。二级学院经常举办专题讲座，教学竞赛、学术研讨，人事部门实施了一系列人才托举计划，学校先后出台实施《综合奖励实施办法》和《高水平成果奖励实施办法》，奖励在教学、科研、学科建设、人才队伍建设方面取得重大贡献的教职工。这些激励措施，一方面促进了学校教学、科研水平的提高和学校的高质量发展，另一方面促进了教职工个人综合素质的提高和全面自由发展。

（四）以开展教师教学竞赛为载体，提高学校教师的教学水平

1. 开展教学竞赛的目的和意义

加强教师队伍建设是教育事业发展最重要的基础工作，持续开展教学竞赛，既是提高教师素质、促进教师职业发展的重要手段，又是激发广大教师教学积极性、主动性和创造性，发挥教育综合改革主力军作用的重要途径，也是高等学校工会组织围绕中心服务大局的重要抓手。

高等学校青年教师都希望尽快提升自己的教学水平，在教学上有所成就。但是，教学能力的提升是一个长期的过程，需要经过长期的培训、学习和实践方能见到成效。由于教学技能竞赛对教师教学提出了全方位且具体的要求，为了在竞赛中取得好的成绩，每名参赛的教师在赛前都会围绕竞赛作大量的准备工作，这就为参赛的教师提供了提高教学能力和水平的很好机会。

2.学校教学竞赛的形式与组织

近年来，学校工会联合教务处、教师教学发展中心持续开展理论教学课堂竞赛、实践教学课堂竞赛、教学法创新大赛、课程思政教学竞赛。

我校青年教师教学竞赛内容分为两大部分。第一大部分是展示教师文案。首先，由于受比赛时间的限制，参赛教师必须精心选择教学内容，组织编写教学文案不能照搬常规的课堂教案，这就深化了教师对相关教学内容的进一步了解。其次，要编写出高水平的文案，这就要求教师通过不断学习、查阅大量相关资料，不断了解知识前沿动态，拓宽知识面，增加知识的积累，夯实理论基础。再次，现代高等学校课堂教学大量采用PPT演示，以此提高教学效果。通过精心准备课件，可以提高教师制作PPT的水平。第二大部分是展示课堂教学。首先，不同的教学内容要求有与之适合的教学方法，参赛教师必须根据所讲内容，努力探索和创新既符合教学内容的要求，又富有个人特色的教学方法和手段，准确把握课程内容、重点、难点、关键，采取先进的教学手段、切合实际的教学方法，因材施教，才能取得好的效果。其次，板书既是一种教学技能，也是一门教学艺术，在计算机技术与信息技术不断发展的今天，板书在课堂教学中有着不可替代的作用，尤其对于理科与工科专业来说尤其重要，精美合理的板书是通过教学竞赛展示教师教学水平的一项重要内容。再次，课堂教学竞赛最能考验教师知识的深度与广度、组织能力、语言表达能力、应变能力乃至性格、气质、情怀，是教师立德树人最现实、最全面的展示。

湖南省普通高校教师课堂教学竞赛校内推荐选拔评审标准

（1）教学设计、教学课件、教学反思评分表（100分）

评价项目	评分指标及分值	评价说明
教学设计 76分	课程分析 9分	准确把握课程性质和地位作用，符合课程教学及学生培养要求，教材选用科学合理
	教学目标 9分	目标明确具体，体现课程特点、学生实际以及课程育人要求，注重创意创新创业能力培养，反映知识、能力和思想（情感、态度）相统一的要求
	思政育人 18分	梳理教学内容所蕴含的独特思想政治教育元素，将德育与知识传授、能力培养等自然融合，把思想政治教育贯穿教学实施全过程
	教学内容 12分	紧密联系生产生活、学科发展前沿和最新科研成果，教学素材和资源选择与组织得当，合理利用了课程思想政治教育元素，内容处理得当，重点、难点把握准确，符合学生认知规律
	教学方法 10分	科学合理，启发性强，注重学生批判性思维、探究意识、创新精神培养，合理运用辅助教学手段
	教学过程 9分	教学流程科学，教学思路清晰，活动组织合理，课后学习指导恰当，具有鲜明的高等学校教学特色
	教案规范 9分	构成要素齐全，表述精炼准确，文字、图表等运用严谨规范
教学课件 12分		教学素材选择恰当，文字、图片等简洁得体、严谨规范，有助于教学目标达成，技术应用得当，交互性好，扩大了知识信息量，辅助教学效果好，无侵犯知识产权行为
教学反思 12分		分析全面，理论联系实际。思路清晰，观点明确，文理通顺，有感而发

（2）现场教学评分表（100分）

评价项目	评分指标及分值	评价说明
现场授课 100 分	内容讲授 20 分	内容娴熟、讲解流畅、表达准确，重点突出、深入浅出，紧密联系生产生活实际、学科发展前沿和最新研究成果，有效启发学生思考，注重课程育人，文字、图表等运用严谨规范
	教学组织 10 分	教学理念先进，教学过程安排有序、衔接紧密，时间分配恰当，课堂调控有效
	方法运用 22 分	教学方法运用合理，问题设计得当，富有启发性，有效引导学生发现问题、解决问题，注重师生互动，合理运用板书和多媒体等教学手段
	教学效果 23 分	师生关系民主和谐，课堂氛围好，感染力强，学生思维活跃、参与积极，有效激发学生自主学习和探究学习的积极性，课程育人要求和素质教育理念得到落实，教学目标得到实现
	育人成效 15 分	课程育人目标明确、实效明显；突出教学内容的思想导向，引导学生树立正确的人生观、世界观和价值观；突出教学实施育人导向，培养学生尊重事实追求真理的科学精神，激励学生勇于探索和创新
	教学风格 10 分	较好体现高等学校课堂教学特色和教改创新要求，特色鲜明，风格突出

湖南中医药大学课程思政教学竞赛

（1）文案设计评分标准

评审指标	评审标准	分值	得分
教学目标（10分）	根据教学大纲，能够从知识、技能、学习态度与价值观等方面设定教学目标。以专业知识为载体，加强学生思想政治教育，让课堂主渠道功能实现最大化	10	
教学内容（30分）	教学信息量充足，符合学生认知规律。应用思想政治理论教育的学科思维处理教材，组织教学内容，融入爱国情怀、法制意识、社会责任、人文精神、仁爱之心等要素，激发学生认知、情感和行为的认同，实现知识传授和价值引领相统一、教书与育人相统一	30	
学情分析（10分）	根据学生的实际情况，列出学生的认知特征、起点水平和情感态度准备情况、信息技术技能等，对可能出现的情况进行教学预测并有解决预案	10	
教学方法（10分）	根据学科特点、教学内容和学生特征选择合适的教学策略；遵照学生的认知规律恰当选择教学方法，注重多种教学方法的优化组合；各种知识点的教学过程结构类型与所选择的教学方法配套，教学过程结构自然流畅、组织合理	10	
教学重难点(15分)	根据课程的信息和学生的专业特点，突出该课程的重点，并融合学生思想政治教育	10	
	根据课程的特点和学生的专业要求，建设该课程的难点，提出解决方案及思路	5	
课堂教学环节设计（15分）	讲授、板书、媒体技术等设计合理	5	
	能够体现师生互动和生生互动，包括课上和课下互动	10	
课外自主学习设计（5分）	能够为学生搭建课外学习平台、引导学生进行自主学习和自主评价	5	
教学评价（5分）	教学效果的测量和评价方法得当，体现形成性评价的要素	5	
合计		100	

（2）现场演示评分标准

评审指标	评审标准	分值	得分
教学内容（30分）	理论联系实际，符合学生的特点	10	
	注重学术性，内容充实，信息量大，渗透专业思想，为教学目标服务	10	
	反映或联系学科发展新思想、新概念、新成果	5	
	重点突出，条理清楚，内容承前启后、循序渐进	5	
教学组织（30分）	教学过程安排合理，方法运用灵活、恰当，教学设计方案体现完整	10	
	启发性强，能有效调动学生思维和学习积极性	5	
	教学时间安排合理，课堂应变能力强	5	
	熟练、有效地运用多媒体等现代教学手段	5	
	板书设计与教学内容紧密联系、结构合理，板书与多媒体相配合，简洁、工整、美观、大小适当	5	
语言教态（10分）	普通话讲课，语言清晰、流畅、准确、生动，语速节奏恰当	5	
	肢体语言运用合理、恰当，教态仪表自然得体，精神饱满，亲和力强	5	
思政特色（30分）	发挥课程育人功能，深入挖掘课程蕴含的思想政治教育元素，实现知识传授和价值引领有机融合	10	
	课程纳入引导学生树立正确世界观、人生观、价值观内容	10	
	德育功能突出，感染力强，效果明显，能充分激发学生的认同感	10	
合计		100	

湖南省普通高校教师教学创新大赛校内推荐选拔评审标准

（1）教学创新成果报告评分表（40分）

评价维度	评价要点	分值
有明确的问题导向	立足于课堂教学真实问题，能体现"以学生发展为中心"的理念，提出解决问题的思路与方案	8分
有明显的创新特色	对教学目标、内容、方法、活动、评价等教学过程各环节分析全面、透彻，能够凸显教学创新点	8分
体现课程思政特色	概述在课程思政建设方面的特色、亮点和创新点，形成可供借鉴推广的经验做法	8分
关注技术应用于教学	能够把握新时代下学生学习特点，充分利用现代信息技术开展课程教学活动和学习评价	8分
注重创新成果的辐射	能够对创新实践成效开展基于证据的有效分析与总结，形成具有较强辐射推广价值的教学新方法、新模式	8分
总分		40分

（2）教学设计创新汇报评分表（60分）

评价维度	评价要点	分值
理念与目标	课程设计体现"以学生发展为中心"的理念，教学目标符合学科特点和学生实际；体现对知识、能力与思维等方面的要求 教学目标清楚、具体，易于理解，便于实施，行为动词使用正确，阐述规范	6.5分
内容分析	教学内容前后知识点关系、地位、作用描述准确，重点、难点分析清楚	6.5分
内容分析	能够将教学内容与学科研究新进展、实践发展新经验、社会需求新变化相联系	6.5分
学情分析	学生认知特点和起点水平表述恰当，学习习惯和能力分析合理	6.5分
课程思政	将思想政治教育与专业教育有机融合，引用典型教学案例举例说明，具有示范作用和推广价值	6.5分

续表

评价维度	评价要点	分值
过程与方法	教学活动丰富多样，能体现各等级水平的知识、技能和情感价值目标	14.5分
	能创造性地使用教材，内容充实精要，适合学生水平；结构合理，过渡自然，便于操作；理论联系实际，启发学生思考及问题解决	
	能根据课程特点，用创新的教学策略、方法、技术解决课堂中存在的各种问题和困难；教学重点突出，难点把握准确	
	合理选择与应用信息技术，创设教学环境，关注师生、生生互动，强调自主、合作、探究的学习	
考评与反馈	采用多元评价方法，合理评价学生知识、能力与思维的发展	6.5分
	过程性评价与终结性评价相结合，有适合学科、学生特点的评价规则与标准	
文档规范	文字、符号、单位和公式符合标准规范；语言简洁、明了，字体、图表运用适当；文档结构完整，布局合理，格式美观	6.5分
设计创新	教学方案的整体设计富有创新性，能体现高等学校教学理念和要求；教学方法选择适当，教学过程设计有突出的特色	6.5分

三、弘扬劳模精神，大力选树先进典型

劳模精神、劳动精神、工匠精神是以爱国主义为核心的民族精神和以改革创新为核心的时代精神的生动体现，是鼓舞全党全国各族人民风雨无阻、勇敢前进的强大精神动力。2020年12月，习近平总书记致信祝贺首届全国职业大赛举办，强调要大力弘扬劳模精神、劳动精神、工匠精神，激励更多劳动者特别是青年一代走技能成才、技能报国之路，培养更多高技能人才和大国工匠，为全面建设社会主义现代化国家提供

有力人才保障。劳模精神、劳动精神、工匠精神是广大劳动群众在从事社会生产的长期劳动实践中锤炼形成的，不仅是工人阶级和广大劳动群众宝贵的精神财富，也是中华民族伟大精神的重要内容。高等学校用劳模的干劲、闯劲、钻劲鼓舞激励广大教师争做新时代的奋斗者，营造劳动光荣的社会风尚和精益求精的敬业风气，是引领教育广大教职工的重要抓手。实现中华民族伟大复兴的中国梦是中华民族的梦，是全国人民的梦，也是中国工人运动的时代主题，需要用劳模精神、劳动精神、工匠精神作为砥砺前行、奋发进取的强大精神力量。

（一）推荐省级"工人先锋号"和"芙蓉标兵岗"

湖南中医药大学工会坚持围绕学校教学、科学研究这个中心，服务学校改革发展大局，重视五一劳动奖状和劳模的挖掘和培育，重点培育教学、科研典型团队作为示范引领。

湖南省"芙蓉标兵岗"护理学院是学校2008年成立的二级学院，成立之初，步履艰难。这支"芙蓉"特色队伍发挥学院党委领导核心作用，坚持党的领导政治方向引领和运行机制到位，政治把关作用到位，教职工思想政治工作到位，基层组织制度执行到位，党政工工作融合到位；构建实践育人平台，打造师生服务平台，创新文化涵育平台，助力业务提升平台。十四年来，学院教学科研业务迅速发展，成为国家一流专业建设点，2021年通过教育部护理学专业认证，涌现了一批国家级课程思政教学名师、团队及示范课程。学院两次获评湖南省总工会"芙蓉标兵岗"，学院分工会两次获评学校"先进分工会"，1人获评湖南省"芙蓉百岗明星"，13人获评学校"立德树人建设先进个人"。2019年再次获评湖南省总工会"芙蓉标兵岗"。

湖南省"工人先锋号"湖南中医药民族医药国际联合实验室成立于2012年。成立之初，条件十分艰苦，设备很简陋，连烧杯、基本实验器材都是赊来或团队成员自费买来的。十年来，以王炜教授为带头人的团队成员坚持党建带工建，加强教职工的思想政治工作，以教育报国、教育强国之心,破除万难,日行不辍,砥砺前行。团队成员不计报酬,加班加点,通过与巴基斯坦卡拉奇大学化学与生物科学中心阿塔院士团队紧密合作,搭建传统医药国际合作平台,开展国际化学术交流与中医药文化推广,输出高质量的中医药产品银黄清肺胶囊支援巴基斯坦、阿富汗、意大利等十多个国家,助力他们抗疫。近五年来立项国家级、省部级项目30余项,发表论文200余篇,成功培养"一带一路"沿线国家"国际杰青(科技部)"6人,培养本土优秀国际化硕士、博士80人,为进一步推动国际化学术交流与中医药推广奠定了坚实的人才基础。2021年获评湖南省总工会"工人先锋号"。

(二)宣传学校优秀研究生导师先进事迹

"大师"是一所大学文化底蕴厚重的象征。湖南中医药大学研究生院是学校发展、高质量高学历人才培养的教育教学单位,这里聚焦了学校大部分"大师"——优秀研究生导师,他们是培养研究生的强大力量。学院在遴选、管理、激励研究生导师为党育人、为国育才,实现党的立德树人的根本任务等方面,做了大量卓有成效的工作,培养和涌现了一大批省级、校级优秀研究生导师。这些研究生导师既有丰富的人生阅历,又在中医药领域有着累累硕果;既有医生仁慈的内心,又有研究生导师的率真与严格;既有敏锐的思维与精湛的技术,又有丰富的情感和对人民的赤诚。是学校研究生培养的一支强大力量。2022年7月,由学校工会与研究生院联合编辑、化学工业出版社出版的《楷模》一书,重点宣传了学校26位优秀研究生导师的先进事迹,这26位先进人物中,有国医大师、有长江学者、岐黄学者、芙蓉学者、全国优秀教师、全国优秀科技工作者、全省立德树人楷模,其中大部分是国家二级教授。他们的先进事迹,将激励一批又一批青年学子,尽快成长成才。

(三)学校工会高度重视推介典型

学校评先评优是激发职工工作积极性、肯定工作业绩的一项重要激励措施,是弘扬劳模精神、劳动精神、工匠精神、激发职工干事创业活力的重要举措，高等学校评先评优工作对于弘扬社会主义核心价值观，激发教职工爱岗敬业，争创一流，争做"四有"好老师，具有积极的现实意义。

湖南中医药大学工会非常重视工会系统的评先评优工作。学校工会制定了《湖南中医药大学工会先进集体和先进个人评选表彰办法》，评先评优工作坚持突出围绕学校教学、科研中心，服务学校改革发展大局的工作方针，持续推进，实行两年一个周期。工会评选的项目突出集体凝聚力与教职工个人的榜样示范作用，主要项目有先进分工会集体，优秀工会会员和优秀工会工作者、三八红旗手、优秀女职工、优秀工会积极分子个人。评选的条件突出政治思想、师德、专业能力、"三育人"岗位业绩，2017—2018年度，学校工会评选先进分工会6个，优秀女职工24名，三八红旗手共6名，优秀工会干部10名，培养工会积极分子50名；2019—2021年度评选先进分工会5个，优秀工会会员50名，优秀工会工作者10名。

学校工会注重宣传先进典型，发挥其教育引领作用。工会先进表彰仪式在学校大型学术报告厅举行，由学校党委副书记主持，学校党政工领导、中层干部、教职工代表、工会干部、会员代表全部参加；校领导为先进颁发奖牌获奖证书，各代表典型发言，介绍经验，学校党委书记讲话，强调加强宣传，发挥榜样示范作用。学校网站、校报、新湖南媒体、微信公众号等专题报道宣传先进典型事迹。

第四章

爱——坚持密切联系、依靠教职工的工作路线

工会工作从根本上来说就是做人的工作，群众路线是党的生命线和根本的工作路线，也是工会工作的生命线和根本的工作路线。坚持全心全意依靠工人阶级，是中国共产党一个突出的政治优势，是我党的一贯主张，也是工会工作必须坚持的工作方针。高等学校工会贯彻党的群众路线，密切联系教职工群众，工作上依靠教职工群众，贯彻以教职工为本的工作理念，是工会发挥作用、安身立命的根本。

第一节 坚持党的群众路线的重要论述

一、高等学校工会"爱"的科学内涵

1. "爱"的科学含义

爱，汉语常用字，读ai，最早见于金文，其本义是"喜爱""爱好"，意为对人或事有深挚的感情，《说文解字》解释为"行走的样子"，可意为"疼惜呵护对方，为之奔波辛劳"之义。爱是最美的字眼，爱是一种强烈、积极的情感状态和心理状态，是一种对人、事、物十分深刻

的喜爱。爱会带来温暖和吸引、强烈的热情以及无私的付出。爱又是一种能力、一种行动、一种站在他人角度帮助人成长、感受美好的能力。专家研究，人们表达爱的方式有五种，即：肯定的言辞、精心的时刻、赠予礼物、服务的行动、身体的接触。

2.高等学校工会"爱"的含义

高等学校工会的"爱"主要体现在坚持党的群众路线，密切联系教职工、依靠教职工，坚持以教职工为中心的工作理念，情感上喜爱、行动上关心教职工。群众路线是我党的生命线和根本工作路线，也应该成为工会工作的生命线和根本工作路线。全心全意依靠工人阶级是我党的工作方针，学校工会牢记党的重托，不忘工会职责，坚持以教职工为本的工作理念，增强对教职工群众的感情，密切同教职工群众的联系，始终同群众心连心，为群众排忧解难，是对教职工爱的最好诠释。

二、坚持党的群众路线的重要论述

（一）马克思主义政党关于密切联系群众的思想

密切联系群众是马克思主义政党的本质要求。一方面，马克思主义政党来自人民、根植人民、服务人民，始终代表最广大人民群众的根本利益。另一方面，马克思主义政党是工人阶级的先锋队，只有马克思主义政党才能统一群众的意志和行动，实现好、维护好、发展好最广大人民的根本利益。密切联系群众还是马克思主义政党的执政根基，毛泽东同志曾经把执掌全国政权比作"进京赶考"，赶考的主考题就是能否始终保持党同人民群众的血肉联系。

关于无产阶级政党与工会、与群众的关系，无产阶级导师列宁也有过精辟的论述。1921年12月28日，俄共（布）中央全会研究了在新经济政策条件下工会的作用与任务问题。会后，列宁起草了关于《工会在新经济政策条件下的作用和任务》这一提纲。1922年1月12日，俄共中央政治局讨论并批准了这个提纲。列宁在这个提纲中全面、具体地规定了工会在新经济政策条件下的作用与任务，规定了工会与党、工会与苏维埃政权、工会和专家的关系。列宁指出"对于一个人数不多的共产党来说，对于领导一个大国向社会主义过渡的工人阶级先锋队来说，最大最严重的危险之一，就是脱离群众，就是先锋队往前跑得太远，没有'保持排面整齐'，没有同全体劳动大军，即同极大多数工农群众保持牢固的联系。正如一家拥有优良发动机和头等机器的最好工厂，如果发动机与机器之间的传动装置坏了，那就不能开工。同样，如果共产党同群众之间的传动装置——工会建立得不好或工作犯错误，那我们的社会主义建设就必然遭到大灾难。"

（二）中国马克思主义关于党密切联系群众的论述

中国共产党最大的政治优势是密切联系群众，党执政后的最大危险是脱离群众。《中国共产党章程》总纲规定："党在自己的工作中实行群众路线，一切为了群众，一切依靠群众，从群众中来，到群众中去，把党的正确主张变成群众的自觉行动。"党的群众路线是我们党的根本工作路线，是我们党永葆生命力和战斗力的传家宝。《中国工会章程》总则第一句话就开宗明义地指出："中国工会是中国共产党领导的职工自愿结合的工人阶级群众组织"。2018年10月，中国工会十七大召开，通过了新修订的《中国工会章程》，把工会的基本职责修改为维护职工合法权益、竭诚服务职工群众，明确中国工会以忠诚党的事业、竭诚服务职工为己任。

习近平总书记就新的历史条件下如何进一步坚持党的根本宗旨、贯彻党的群众路线、保持党同人民群众的血肉联系，发表了一系列重要讲话和论述。为了密切党同人民群众的联系，党的十八大郑重提出，围绕保持党的先进性和群众性，在全党深入开展以为民务实清廉为主要内容的群众路线教育实践活动，着力反对形式主义、官僚主义、享乐主义、奢靡之风，着力解决人民群众反映强烈的问题，提高做好新形势下群众工作的能力。2013年6月18日，中央召开群众路线教育实践活动工作会议，会上，习近平总书记着重强调："群众路线是党的生命线和根本工作路线"。"现在，我们要实现党的十八大确定的奋斗目标和中国梦，必须紧紧依靠人民，充分调动广大人民的积极性、主动性、创造性。"

2015年7月6日，在党中央首次召开的中央党的群团工作会议上，习近平总书记集中阐述了党的群众观点、群众路线、群众工作方法等。他指出："保持和增强群团组织的群众性。群众性是群团组织的根本特点，群团组织开展工作和活动要以群众为中心，让群众当主角，而不能当配角、当观众。要更多关注、关心、关爱普通群众，进万家门、访万家情、结万家亲，经常同群众进行面对面、手拉手、心贴心的零距离接触，增进对群众的真挚感情。"

2017年10月18日，习近平总书记在党的十九大报告中揭示了新时代坚持和发展中国特色社会主义的十四条基本方略，其中第二条就是坚持以人民为中心。他指出"人民是历史的创造者，是决定党和国家命运的根本力量。必须坚持人民主体地位，坚持立党为公、执政为民、践行全心全意为人民服务的根本宗旨，把党的群众路线贯彻到治国理政全部活动之中，把人民对美好生活的向往作为奋斗目标，依靠人民创造历史伟业。"

2021年7月1日，习近平总书记在庆祝中国共产党成立一百周年大会上的讲话中指出："新征程上，我们必须紧紧依靠人民创造历史，坚持全心全意为人民服务的根本宗旨，站稳人民立场，贯彻党的群众路线，尊重人民首创精神，践行以人民为中心的发展思想，发展全过程人民民主，维护社会公平正义，着力解决发展不平衡不充分问题和人民群众急难愁盼问题，推动人的全面发展、全体人民共同富裕取得更为明显的实质性进展。"

在高等学校工会工作中坚持党的群众路线，既是党对工会工作的要求，又是高等学校工会赢得教职工信赖，推动思想政治工作走深走实的最好途径。

第二节　工会落实党的群众路线的举措与路径

工会作为党领导下工人阶级的群众组织，作为党联系群众的桥梁和纽带，必须自觉坚持和贯彻党的群众路线，牢固树立基层观点、劳动观点，把党的群众路线落到实处。

一、牢固树立以教职工群众为中心的工作导向

党的十九大报告指出，"必须坚持以人民为中心的发展思想""使人民获得感、幸福感、安全感更加充实、更有保障、更可持续"。这既是习近平新时代中国特色社会主义思想的重要内容，也是新时代坚持和发展中国特色社会主义的基本方略。高等学校落实这一基本方略，工会组织必须坚持以教职工为中心的价值追求，牢固树立以教职工为中心的工作导向。坚持和发展教职工群众利益，以实际行动打动人心、温暖人心、影响人心、赢得人心，团结引导教职工成为高等学校人才培养、科学研究的主要力量。

二、始终坚持在思想上贴近教职工群众

树立职工利益无小事的思想，增进同职工群众的感情是做好职工群众工作的前提。工会干部特别是领导干部要牢固树立群众观念，心里装着职工群众，以深厚的感情做好职工群众工作，要带着感情、带着责任、带着问题，迈开步子、放下架子、沉下身子，经常深入职工群众中去察民情、解民忧，多与职工群众交朋友，在感情上多向职工投入，以亲友之情关心职工生产生活，以奉献之情扶贫帮困，以无私之情维护职工合法权益，把服务职工贯穿于履行职能的全过程，为职工多办实实在在的事情，多解决实实在在的困难，让职工群众真正感受到工会组织大家族的温暖。

三、始终坚持在工作上依靠教职工群众

作为高等学校工会组织，必须坚持教职工的主体地位，让教职工当主角，团结和凝聚教职工在推动学校教学科研和改革发展稳定工作中发挥主力军作用。要认真执行教育部《学校教职工代表大会规定》，坚持校务公开、确保教职工的知情权、表达权、监督权。要建立体现教职工地位作用的制度机制，不断完善教职工诉求表达机制，不断完善工会工作的民主机制，让教职工参与学校工作决策、执行，保障教职工的主人翁地位。

四、始终坚持在作风上深入教职工群众

工会干部作风好不好、实不实，不仅关系到工会工作做得好不好、实不实，而且关系党的形象，关系人民群众对党的感情，关系党执政的阶级基础和群众基础。要健全工会干部下基层调研、联系职工群众的长效机制，真正了解职工群众的生产生活情况，了解基层需求，使工会工作深深扎根于基层、扎根于职工群众之中。要坚持向职工群众学习、向基层实践学习，善于从职工群众的实践创造和发展要求中寻找解决问题的方案与办法，不断完善工会的规章制度与工作思路，提高工会干部做群众工作的能力。

第三节　湖南中医药大学工会实践

一、发展教职工利益，增加教职工工会集体福利

工会作为职工的娘家，如何通过为教职工办实事来体现家的温暖，湖南中医药大学工会从未停止思考。2017年以前，学校工会一直没有办法解决教职工工会集体福利问题，在国家法定节日，教职工也没有享受到学校党政与工会福利。为了发展教职工的利益，解决法定节日教职

工集体福利问题，2017年年末，学校工会负责人利用向省教育工会作年度工作报告述职的机会，向上级工会反映了职工的诉求，希望从情为民所系、利为民所谋的政治站位出发，从调动教职工工作积极性、满足教职工精神需求的角度出发，给予政策支持。这一诉求得到各高等学校工会负责人的响应。2018年7月，湖南省总工会以文件《湖南省基层工会经费收支管理实施细则》（湘工发[2018]20号）明确规定，在元旦、春节、清明、五一、端午、国庆、中秋这七个节日以及职工生日，工会可以给职工发放每个节日不超过300元的慰问物资；职工结婚、生育、生病住院、直系亲属逝世、职工本人退休，工会可以给予1000元的物资或现金慰问；职工本人逝世，可以给予2000元的慰问金。同年9月，学校工会将这一政策报告学校党委，并请求在本校全面实施，得到了学校党委的大力支持。从此，学校工会解决了教职工的工会集体福利问题，这一举措得到教职工的赞扬和拥戴。

二、尊重教职工意愿，保障教职工身体健康

湖南中医药大学工会的工作理念中有一条，以职工为本首先要以职工的身体健康为本。2017年以前，学校教职工的体检工作是两年一次，体检费用人平只有200元，第一附属医院给予200元优惠待遇。学校虽然于2013年起建立了教职工大病医疗互助基金，但报销的门槛为10000元，教职工很难享受到政策红利。为了让教职工有更多的获得感、安全感、幸福感，2017年，学校工会决定进行四大方面的教职工健康保障改革，通过深入二级学院、机关、后勤、教辅单位听取教职工的意见和建议，认真调研、学习兄弟院校工会工作经验，分析、确认教职工的建议合理合法后，向行政直至党委提出协商和请求，要求提高教职工体检费用、优化体检项目、降低职工大病医疗报销门槛、提高报销比例、增加优秀教职工暑假疗休养项目、工会出资为教职工购买省总工会的医疗互助基金等要求，得到校行政和党委的大力支持。在教职工体检方面，2017年，教职工人均体检费用增加到400元，2019年增加到人均600元，

2023年增加到人均800元，由两年一次体检改为一年一次。通过与附属医院协调，争取提质不提价，教职工体检的项目优惠费用达1400元。在教职工大病医疗费用报销方面，行政每年向工会拨付专项基金40万元，用于建立教职工大病医疗互助基金；通过工会申请，党委审批行文，两次下调报销门槛，报销起点从原来的10000元下调至4000元，上浮报销比例百分之十，使更多的教职工享受到学校大病医疗的补贴。在教职工暑假疗休养方面，从2017年开始，学校行政出资、学校工会组织优秀教职工暑假疗休养，这一举措进一步彰显了先进的价值，提高了教职工争先创优的兴趣，也提高了教职工的幸福指数。同年开始，学校工会出资向省总工会购买了教职工医疗互助基金，使大多数生病住院的教职工享受到省总工会的医疗福利。

三、整章建制，保障教职工的民主权利

保证教职工的民主权利、紧紧依靠教职工是高等学校工会认真贯彻落实习近平总书记讲话精神的实际行动，也是工会全心全意依靠工人阶级、履行工会维护职能的重要举措。学校建立了《湖南中医药大学教职工申诉制度》，明确规定学校工会受理教职工维权申诉。学校建立了《湖南中医药大学工会工作规定》，明确规定学校工会是教职工代表大会的工作机构，负责筹备召开每年一次的教代会，负责征集代表提案，与校行政协调落实教职工代表的建议和意见，不能落实的教职工代表意见和建议，学校工会一定要向教职工代表回复讲清原因，直至教职工代表满意。学校工会建立了《湖南中医药大学校务公开实施细则》，明确规定校务公开领导小组办公室设在学校工会，并建立了校务公开目录，明确校务公开的事项、范围、形式。学校工会成立了民主管理工作委员会，成员由校工会、教务处、科技处、组织人事部、后勤处等学校主要行政职能部门负责人担任，确保学校教职工代表的提案、意见和建议能得到重视、采纳和有效解决。

四、建立工会干部联系教职工群众的制度

关心教职工群众的生活既是学校党政领导干部的重要职责，也是工会领导干部的重要职责。校工会根据工会管理权限，建立了《湖南中医药大学工会委员联系分工会制度》（以下简称《制度》），并明确了工会委员的职责任务。分工会作为校工会委员的联系点，《制度》要求校工会委员定期深入基层、深入教职工，倾听基层教职工的声音，关心教职工的困难，帮助解决实际问题，并参加分工会的活动，增进与教职工的感情。《制度》制定以来，校工会委员纷纷履职，深入自己所联系的分工会，听取了来自教职工群众的许多意见。校工会梳理后，通过与行政协商，逐步解决了教职工普遍反映的问题，如职工子弟入学问题、职工宿舍业主委员会成立的问题、教职工工作日中午就餐问题、教职工宿舍要求学校配合安装电梯问题、实施教授"乐业计划"改善教职工办公条件问题、教师休息室提质改造问题、科研人员实验室和设备申报问题等。

五、广泛开展教职工业余文体活动，满足教职工精神文化需求

广泛开展丰富多彩的业余文体活动，维护教职工的精神文化权益，积极推进学校文化建设，是高等学校工会贯彻以教职工为本理念的重要举措，也是满足教职工多元化精神文化生活需求、展示才华、宣泄心理压力、密切教职工之间的沟通交流、增强教职工凝聚力的重要平台。

湖南中医药大学教职工文化体育活动主要由工会组织主办。至2019年止，学校工会的教职工春季马路赛持续开展了十三届，培养了一批长跑健将。近两年来，学校开展教职工环校园健步走、环校园慢跑活动，以其不占用业务工作时间，不争名次、只图健身而得到大多数教职工的拥护。两年一次的校运会也是学校教职工展示自己的平台。学校校运会由学校体育运动委员会与学校工会共同主办，推动了教职工体育

运动的开展。由教职工自愿组织、学校工会支持管理的学校文体协会，活动内容精彩纷呈又各具特色，展示了教职工的风采，满足了教职工的精神文化需求，活跃了教职工文化生活，促进了教职工身心健康。乒乓球、羽毛球、气排球、篮球、足球等协会，是校园操场上充满力量的队伍。都说女人如花，花卉协会基地、女职工插花活动既是校园一道亮丽的风景，又陶冶女性情操。歌友协会以校歌《放飞梦想》为中心，推广校园文化，传承学校"文明求实、继承创新"的校训精神。太极拳协会的八段锦、马王堆导引术、太极拳的学员活动，遍布校园的大小广场，既彰显中医药文化特色，又向社会推广，服务人民的健康。百草园读书会聚焦了一批职工才子，提升教师素质、服务，教学工作成效明显。近年来，随着乡村振兴活动的开展，工会会员响应党的号召，以消费帮扶助推乡村振兴，工会文化教育活动向乡村延伸，工会组织的政治性、先进性得到进一步彰显。

学校体育运动委员会和校工会共同主办的学校运动会

由校工会主办的教职工春季长跑比赛坚持了十三年

第五章

帮——坚持维护教职工合法权益、竭诚服务教职工为出发点和落脚点

随着新一轮科技革命和产业变革的不断深入，新技术、新业态、新模式的大量涌现，劳动关系的确立与运行出现不少新情况和新问题，劳动争议由过去的主要是权利争议向现在的权利争议与利益争议并存转变，职工权益的实现、需求的满足面临新变化、新课题，仅靠传统单一的维权方式难以实现和满足。在这种情况下，一方面，需要工会通过多种维权方式去维护职工权益；另一方面，需要工会从更多领域、更多层次采取更多手段提供更高质量的服务，来满足职工在民主、法治、公平、正义、安全、环境等方面日益增长的需求，进而不断增强职工的获得感、幸福感、安全感。

第一节
关于维护职工合法权益、竭诚服务职工的重要论述

2018年10月召开了中国工会十七大，习近平总书记在同全总第十七届领导班子成员集体谈话时强调，要坚持高举维护职工合法权益旗帜，把竭诚服务职工群众作为一切工作的出发点和落脚点。高等学校工

会只有坚持以职工为本,以维护职工合法权益、竭诚服务职工为出发点和落脚点,深入职工、宣传职工、教育职工、服务职工,充分发挥工会作用,增强工会的活力,才能真正把职工群众凝聚在党的周围。

一、高等学校工会"帮"的科学内涵

1."帮"的科学含义

帮即帮助,是一个汉语词汇,读音 bang zhu,意思是以出钱、出力或出主意的方式相助别人。帮助是一种友好的行为,不管是个人与个人之间的行为,还是组织与个人之间的行为,都含有极其强大的正能量。

2.高等学校工会"帮"的含义

高等学校工会作为教育系统的基层工会,承担直接维护教职工、服务教职工的工会职责。工会结合自身特点,把维护教职工合法权益的大旗牢牢掌握在手中,突出维护教职工收入分配权益,推动健全多层次社会保障体系。把竭诚为教职工群众服务作为工会一切工作的出发点和落脚点,强化服务教职工意识,坚持职工利益无小事的理念,高度重视教职工的多样化需求,做到精准服务、供需对路。坚持教职工需求导向,构建以精准帮扶为重点的工会服务教职工体系,做实困难职工帮扶和脱贫攻坚工作,做实各类职工维权帮扶、保障服务项目,开展"提升职工生活质量"行动,推动送温暖、金秋助学、教职工医疗互助、工会法律援助等工作常态化、制度化、规范化。探索推进"互联网+"工会普惠性服务新模式,以职工信息真实完整为基础,通过运用大数据、云计算等技术,以资源信息共享和工作互联互通为保障,更迅速、更准确、更便捷地为职工做好服务工作。

二、关于维护职工合法权益、竭诚服务职工的重要论述

(一)法律保障维护工会的基本职责

工会是经济关系、劳动关系矛盾的产物。在中国工人阶级的产生、

成长过程中，中国工人为了生存，经历了痛苦的挣扎和不懈的斗争。中国共产党在领导中国工人运动百年的历程中，为改善工人的工作条件、提高工人的政治地位和经济待遇、维护工人的合法权益，付出了极大的努力。新中国成立后，1950年6月，我国第一部《工会法》诞生，并明确规定，工会的基本职责是高举维护职工群众合法权益的旗帜，促进社会公平正义。工会的基本职责是工会履行各项社会职能的基础工作和首要任务，认真履行基本职责，发挥好协调劳动关系的作用，健全劳动关系协调机制，及时正确处理劳动关系矛盾，是工会组织和工会工作必须长期坚持和遵循的重要依据，更是工会组织安身立命之本。

工会是工人阶级的群众组织，代表职工群众的利益，工会要赢得职工群众的信赖和支持，就必须做好维护职工群众切身利益的工作，促进社会公平正义，使改革发展成果更多更公平惠及职工群众。2018年10月，中国工会十七大通过《中国工会章程》，明确了中国工会以忠诚党的事业、竭诚服务职工为己任，中国工会的基本职责由原来的"维护职工群众合法权益"，增写"竭诚服务职工群众"的内容。认真履行维护职工合法权益、竭诚服务职工群众的基本职责，是习近平总书记关于工人阶级和工会工作重要论述的重点，也是工会安身立命之本。

（二）新时代中国特色社会主义思想关于工会基本职责的论述

以习近平同志为核心的党中央高度重视工会维权和服务工作，习近平总书记多次作出重要指示，提出明确要求。2013年4月28日，习近平总书记在全总机关同全国劳动模范代表座谈时指出，要把竭诚为职工群众服务作为工会一切工作的出发点与落脚点，全心全意为广大职工群众服务，认真倾听职工群众呼声，维护好职工群众包括农民工的合法权益，扎扎实实为职工群众做好事、办实事、解难事，不断促进社会主义和谐劳动关系。2013年10月23日，习近平总书记在与全总第十六届领导班子成员集体谈话时强调，工会要赢得职工群众信赖与支持，必须做好维护职工群众切身利益工作，促进社会公平正义。维护要讲全面，也要讲重点，重点就是职工群众最关心、最直接、最现实的利益问题，就是职工群众面临的最困难、最操心、最忧虑的实际问题。2014年9月8日，习近平总书记作出"三个着力"的重要批示，其中之一就是强调着力强化服务意识、提高维权能力。2015年4月8日，在庆祝"五一"国际劳动节暨表彰全国劳动模范和先进工作者大会上，习近平总书记发表重要讲话，强调要坚决履行维护职工合法权益的基本职责，把竭诚为职工群众服务作为工会一切工作的出发点和落脚点。2015年7月6日，在党中央首次召开的中央党的群团工作会议上，习近平总书记指出："群团组织要强化服务意识，提升服务能力，挖掘服务资源，坚持从群众的需要出发开展工作，把更多注意力放在困难群众身上，努力为群众排忧解难，成为群众信得过、靠得住、离不开的知心人、贴心人。"2016年4月26日，在知识分子、劳动模范、青年代表座谈会上，习近平总书记提出，要切实维护广大劳动群众合法权益，帮助广大劳动群众排忧解难，积极构建和谐的劳动关系。2018年2月，党的十九届三中全会提出，深化群团组织改革，要构建联系广泛、服务群众的群团工作体系，增强群众组织团结教育、维护权益、服务群众功能。2018年10月召开的中国工会十七大，系统阐述了习近平总书记关于工人阶级和工会工作的重要论述，用"八个坚持"概括了重要论述的基本内涵，其中之一就是坚持高举维护职工合法权益旗帜，强调要坚决维护职工合法权益，把竭诚服务职工作为一切工作的出发点和落脚点，是工会组织的基本职责。强调习近平总书记关于工人阶级和工会工作重要论述的重点是维护职工权益、服务职工群众。2018年10月29日，习近平总书记在同全总第十七届领导班子成员集体谈话时强调，工会要认真履行、维护职工合法权益、竭诚服务职工群众的基本职责，要坚持高举维护职工合法权益旗帜，把竭诚服务职工群众作为一切工作的出发点和落脚点。工会要把服务职工、维护职工合法权益的大旗牢牢掌握在手中，把群众观念牢牢根植于心中，练就见微知著、以小见大的真功夫，哪里的职工合法权益受到侵害，哪里的工会就要站出来说话。

第五章　帮——坚持维护教职工合法权益、竭诚服务教职工为出发点和落脚点

习近平总书记上述重要论述，为履行和拓展工会基本职责指明了方向，提供了重要的理论依据。

第二节
高等学校工会维护教职工合法权益、竭诚服务教职工的举措与路径

服务教职工是高等学校坚持党的群众路线，做好教职工群众工作的重要手段。具体到工会工作领域，就是要坚持以教职工为中心的工作导向、竭诚服务职工群众。在工作目标上，工会要让职工在需要时看得见、找得到、信得过、靠得住，工会组织成为教职工之家，所有工会干部都要成为教职工群众信赖的娘家人；在服务内容上，要把群众所急、党政所需、自己所能的事做好，形成特色，发挥优势，强化服务意识，提高服务能力，挖掘服务资源，开展各种为教职工造福的活动；在服务方法上，要深入群众，看到真实的情况，听到真实的声音，把准职工需求脉搏，以群众愿意、群众喜欢、群众满意为前提，就是要以实现好、维护好、发展好广大教职工的根本利益作为工会工作的指导思想。学校工会切实转变管理观念，从服务学校教学、科学研究、改革发展大局的高度认识和把握服务教职工，使各项制度、规范、程序突出对教职工的情感和人文关怀，关心教职工的生活，努力改善教职工的工作生活条件，为教职工的愉快工作服务，为教职工的幸福生活服务，为教职工的成长服务，调动教职工的积极性、创造性，努力构建和谐教育，促进教育事业更快更好地发展。

一、维护教职工合法权益

（一）完善教职工维权体制机制

维护教职工的合法权益，要做到工会组织维权与职工个人觉醒

结合。

（1）提高教职工的法律意识　在教职工中广泛开展《教育法》《教师法》《工会法》《教代会规定》等法律法规的宣传教育活动，牢固树立懂法、遵法、守法、用法意识，学会拿起法律武器维护自身权益。

（2）维护教职工的切身利益和合法权益　工会要高度关注教育综合改革和事业单位实施绩效工资给教职工权益带来的影响，代表教职工积极参与涉及教职工切身利益的改革方案和政策的制定、修改、完善，积极反映教职工的意见、建议和诉求，重点关注教职工最关心的岗位聘任、职称评定、收入分配、社会保障等利益问题，关心青年教师的发展、困难教职工帮扶问题。

（3）加强学校民主管理　参与学校民主管理和监督是法律赋予教职工的基本权利，学校工会作为教职工代表大会的工作机构，要坚持完善以教职工代表大会为基本形式的民主管理制度，凡涉及学校改革、发展和稳定，涉及教职工切身利益的重大事项和重要规章制度，必须提交教职工代表大会审议通过。工会要重视与行政的协商对话，督促重视教代会提案的处理工作，切实保障广大教职工的知情权、参与权、表达权和监督权。对涉及学校改革发展的重大举措，涉及人、财、物、基本建设等权力运行的重点领域，涉及教职工切身利益的重大事项要进行校务公开。

（二）建立健全教职工利益协调机制

工资收入是民生之源，是职工劳动经济权益的核心，也是工会维权的重点。高等学校要依法建立由行政、工会、教职工代表组成的劳动人事争议调解组织，突出维护教职工收入分配权益。其次是推动健全社会保障体系，为被聘任的教职工缴纳五险一金。要建立完善劳动关系矛盾调处机制，构建和谐的劳动人事关系。

二、做好服务教职工的工作

竭诚服务职工是工会的基本职责，工会要在以下方面做好服务教职工的工作。

（1）关心教职工身心健康　尊重教职工的人格和权利，关心教职工的工作心态、适应心态和生活心态，设立教职工心理咨询室，配备心理咨询师，建立健全定期体检制度。

（2）关心教职工工作和生活　学校要合理安排教职工的工作时间，对于确需加班的，要保证教职工的交通和人身安全。要逐步改善教职工的办公条件，实现教职工办公的信息化、自动化。要关心教职工的生活，建立走访慰问教职工制度，对教职工本人或父母、配偶生病住院或其他重大变故要给予关心、慰问，要关心教职工子女入学入托问题，关心青年教师就餐、婚姻问题，关爱教师队伍中的特殊群体。

（3）切实保护女职工特殊权益　要关心女教职工工作和生活，维护好女职工的特殊权益。要慰问生育的女教职工，照顾处于孕期、产期、哺乳期的女教职工。"三八"妇女节要组织必要的庆祝活动并安排女职工休息半天。

三、做好教职工和群众困难帮扶

中国工会经过长期的理论与实践探索，已经形成三个帮扶品牌：送温暖工程、困难职工帮扶中心、金秋助学。在中华全国总工会关于印发《工会送温暖资金使用管理办法（试行）》的通知（总工发2018第39号）中，明确送温暖资金的使用对象有以下六类人群。

（1）因非个人意愿造成下岗失业、家族收入水平明显偏低、子女教育负担过重等原因造成家族生活困难的职工。

（2）本人或家庭成员因患大病、遭受各类灾害或突发意外等情况造成生活困难的职工。

（3）关停并转等困难企业中，因停发或减发工资而造成生活相对困难的职工。

（4）工伤与职业病致残的职工或因公牺牲的职工家属，因重大疾病手术、住院的职工。

（5）长期在高（低）温、高空、有毒有害等环境中和苦脏累险艰苦行业岗位上工作的一线职工。

（6）重大灾害期间坚守抗灾一线的职工；春节期间坚守生产一线和交通运输、电力、环卫及直接面向群众服务的基层岗位干部职工；因组织需要长期异地工作或服从组织需要赴外地、基层工作的派驻挂职干部职工；在重大项目和重大工程中做出突出贡献的职工；生产一线涌现出来的先进模范人物。

困难职工帮扶中心的主要工作职能是职工基本生活救助、职工法律援助、职工子女入学救助、职工就业帮扶。金秋助学是工会开展的四送品牌之一，是工会组织服务职工办实事、协助党委政府推动解决困难职工家庭子女上学难的重要举措。

第三节　湖南中医药大学工会实践

一、切实维护教职工的合法权益

1.增强教职工的法律意识

学校宣传部按照上级教育主管部门的要求，每年都要组织教职工进行线上普法学习，进行线上考试，对于考试不合格的教职工进行重修补考，将普法学习和考试成绩作为年度考核的必修课。学校工会适时进行《工会法》和《中国工会章程》的学习培训。

2.学校工会坚持源头参与民主决策

学校工会常务副主席列席学校校长办公会，对涉及学校改革发展的重大事项、重要制度建设和教职工切身利益的问题发表建议和意见。关注、关心青年的工作和家庭，解决了青年教职工子女由联丰村办小学转入长沙市周南学士实验学校就读的问题。关注、关心困难职工和离退休教职工，每年年底都会为特殊困难职工进行经济补贴，声援离退休教职工共享学校改革发展成果，两次下调大病医疗基金报销门槛，一次上调报销比例，使离退休教职工非常满意。

3.推进校务公开

学校工会坚持执行《学校教职工代表大会规定》，每年提前筹备、按时召开湖南中医药大学教职工代表大会，向教职工代表报告学校行政、工会年度工作情况、行政和工会财务情况、提案办理情况，会上集中讨论大学章程、关于校院二级目标管理方案、绩效工资分配方案、教职工聘任方案、教师职称评定方案、学校十二五和十三五发展规划与总结、十四五发展规划等重大问题，集思广益，既充分发扬了民主，又集中了教职工智慧，为学校发展注入了活力与动能。学校重视校务公开工作，校务公开办公室设在学校工会，每年年初，校工会都要下达任务，年中抽检，年底各分工会、各部门都要提交专题报告。学校委托校工会把校务公开考核情况列入年底部门和单位绩效考核指标，提高了校务公开工作的执行力。学校组织人事部牵头建立了教职工申诉制度，明确规定教职工被侵权向学校工会提出申诉，由工会统一协调解决。

通过以上举措，学校与教职工之间关系和谐，学校连续三年被上级主管部门评为"平安校园"。

二、切实保护女职工的特殊权益

女性教职工是学校特殊群体。对于我校来说，其特殊体现：一是在数量上，女性教职工人数占我校职工总人数的60%以上，二是女性教职工的成长特别引人注目；三是女性因其生理上的特殊和需承担家族、事业的双重责任而得到学校工会的特殊保护。近年来，学校的女职工工作得到学校党委、行政的大力支持，成绩斐然。

（1）提高女职工素质　学校通过组织女职工网上学法、微信法律竞赛、承办湖南省女职工素质教育大讲堂，举办爱情、婚姻、家庭知识讲座，提高女职工的法律意识与自我保护能力。

（2）召开女职工代表座谈会，倾听女职工代表意见　湖南中医药大学女职工占比66%，是学校改革、发展和各项事业发展的一支重要力量。学校每年通过定期召开女职工代表座谈会，听取女职工对学校的建议和意见，了解女职工诉求，为女职工的成长加油鼓劲，这一举措，得到大多数女职工的称赞，增强了女职工的受尊重感、成就感、归属感。

（3）开展了一系列女职工文体活动　每年的"三八"国际劳动妇女节，学校工会都会举办大型女职工文体活动，如女教职工趣味运动会、跳绳比赛、拔河比赛、征文比赛、手工作品比赛、插花活动、厨艺比拼等，丰富了女职工生活。二级分工会也会根据教学时间安排，在业余时间组织丰富多彩的女职工文体活动。

（4）维护女职工特权　学校工会建立了女职工慰问制度，在女教职工结婚、生育时，学校工会送去慰问。学校工会使用工会经费，为女教职工购买了省总工会的医疗互助特殊病保险。这一系列举措，使女教职工有了更多的归属感、幸福感，这是她们成长中重要的力量源泉。

湖南省教育工会领导与女职工素质教育大讲堂老师和部分学员合影

第五章　帮——坚持维护教职工合法权益、竭诚服务教职工为出发点和落脚点

机关分工会女职工庆"三八"国际劳动妇女节插花活动

湖南中医药大学党委主要领导参加学校工会庆"三八"妇女节活动

三、竭诚服务教职工

（一）关心教职工工作

学校关心教职工的工作。学校认真贯彻《教育法》《教师法》《劳动法》和《工会法》，坚持以法治校、以法治教。根据法律规定和教育工作实际，合理安排教职工的工作时间。专职教师实行弹性工作时间，管理服务岗位教师实行7小时坐班制，学校一般不安排教职工加班，一线教师和科研人员自觉自愿加班工作，其劳动报酬以绩效奖励工资体现。管理服务岗位确需加班，其劳动报酬以超工作量体现。学校保证教职工的交通和人身安全，对于来往两校区的教师上下班，学校安排专车接送。学校给予教师优越的办公条件，落实"教授乐业计划"，实现了教师办公信息化、自动化，实行集体备课制度，为青年教师的成长和教学质量的提高创造良好的工作环境。

（二）关心教职工的生活

（1）学校按照国家规定，为教职工缴纳养老、医疗、失业保险和住房公积金，确保教职工住有所房、病有所医、老有所养。学校高度重视师生员工的切身利益和期盼诉求，改革绩效工资分配制度，大力改善校园环境、建设美丽校园。大力推进"两水一电"进宿舍、切实改善生活条件。大力实施后勤社会化改革，食堂环境条件得到明显提升。为了减少上班时间教职工的生活压力，使教师有更多的时间留在学校与学生交流，学校为教职工提供免费自助中餐，得到教职工的赞扬和拥护。大力提升职工福利待遇、职工幸福感、获得感进一步提高。

（2）学校工会健全"十必慰问"福利制度。学校工会关心教职工的日常生活，通过校院两级工会工作，及时准确了解教职工家族生活状况，建立了教职工集体福利制度与走访慰问制度。每年的元旦、春节、五一劳动节、端午节、国庆节、中秋等国家法定节日，教职工都能定期收到工会的慰问物资或提货券。每逢教职工生日，学校工会都会给教职工送去生日蛋糕和慰问短信。教职工本人生病住院、教职工本人或父母发生重大变故，学校工会都会给予关心、慰问。学校建立了教职工荣休制度，每逢教职工退休，学校会安排领导与其谈话、召开一定范围的欢送会，工会会送一份特殊纪念品。对于支边、援藏、抗疫前线职工，工会给予特殊慰问。

（3）学校关心教职工的身心健康，建立教职工健康服务体系。学校建立了教职工心理咨询室，配备了兼职心理咨询教师，通过开展心理辅导讲座、组织教师学习心理健康知识，帮助广大教职工树立理性平和、积极向上的心理品质和社会心态。学校工会持续推进职工健康工程，推进全民健身、职工体检、慰问住院职工、三种渠道报销职工医疗经费、组织优秀职工暑期疗休养"五位一体"的职工健康服务体系。学校工会以推动全民健身为目标，成立了教职工文体协会，支持教职工文体协会自主开展各种文体活动。学校工会以开展了环校园健步走、教职工各类球赛、趣味运动会、协助组织两年一次的学校体育运动会引导教职工开展全民健身活动。学校行政出资，工会组织教职工一年一次体检，在三所直属附属医院的大力支持下，职工体检提质不提价，体检项目满足教职工多元化和不同年龄层次需求，人平体检经费达1400元。学校建立了教职工大病医疗互助基金，行政每年出资40万元、职工自愿每年出资100元，并根据教职工的意见两次下调报销门槛，上调报销比例，此项目覆盖全体教职工，为教职工自费医疗部分提供了必要的经费补充，解决了教职工大病医疗自费部分报销问题。学校工会使用工会经费为全校会员购买了省总工会的医疗互助保险和女性会员特殊病保险。为会员办理在第一附属医院的门诊优惠报销。近年来，学校工会先后组织优秀教职工暑假前往张家界、厦门、大连等地疗休养，一系列的关怀使教职工感受到学校的关怀和"教职工之家"的温暖。

四、做实困难教职工和特殊群体帮扶工作

（一）投入职工家苑建设，解决教职工后顾之忧。

2018年，全省职工宿舍区"三供一业"（供水、供电、供气，业委会）改造工作如火如荼进行。学校党政为了推动此项工作顺利进行，委托工会成立东塘校区临时业主委员会，负责老校区职工宿舍改造方案的制定，负责成立由街道社区直管的业主委员会。此项工作涉及大部分退休老职工，来自思想观念、人力、经济条件方面的困难很大。学校工会深入东塘校区退休职工之中，了解职工的思想动态，向退休职工宣传政府"三供一业"的政策，认真物色能担当临时业委会责任的退休职工，并在财力上全力支持他们的工作。使东塘老校区的"三供"改造工作按期完全，顺利通过省里验收，东塘家属区两个新的业主委员会顺利成立，光荣履职，为教职工服务。

2019年，学校新校区职工宿舍含浦家苑第一届业主委员会任期已满，因为家苑居民混杂，新一届业委会候选人中有校外人员，本校职工不愿意投票，业委会停止工作半年后，新的业委会迟迟不能产生。学校党委指示工会推动此项工作。接此任务后，工会开展深入家苑职工中，了解校外3位候选人有优良的政治表现、业务能力、奉献精神，组织成立临时业委会筹备选举小组，向本校职工宣传校外候选人的先进事迹、工作理念，工会通过微信动员本校、附属医院的职工认真参加民主投票，促成第二届业主委员会产生。同时，工会通过帮助业委会与物业公司厘清权力边界，分清责任，建立了和谐的家苑氛围。根据本校职工中闲置房业主的诉求，为他们争取到了物业费的优惠待遇，为他们解决了后顾之忧。

（二）积极开展教育帮扶活动

（1）落实学校党委的决定，做好驻宁远县九嶷山瑶族乡牛头江村帮

扶工作。2016年,在校(院)开展"扶贫济困,奉献爱心,你我同行"教职工主题捐赠活动。大学19个分工会、研究院及三所直属附属医院共募得善款40多万元,此款已用于该村对口帮扶和贫困学生学费资助等。

(2)落实省教育工会的决定,做好对耒阳市亮源乡中心完小的对口帮扶工作,两年使用工会经费10多万元帮扶该校贫困学子和援助学校基础教育设施改造。

(3)开展与岳麓区联丰小学的帮扶活动。组织小学师生到我校药植园、中药标本馆等地进行参观,派出学校多名教师多次进行科普知识讲座,并捐款用于小学生购置文体活动器材和学习用品。

(4)根据学校青年教职工的意愿,争取得到岳麓区政府教育局的支持,学校子弟就读中小学校由原来岳麓区联丰村小学转移至长沙市周南学士实验学校。

学校工会为教职工子弟解决就读的九年制学校

（5）开展麻阳县张公坡村贫困家庭小学生帮扶和励志教育活动。这次活动由学校工会为驻村40名小学生购买了书包、书籍、文具及冬季防寒手套、围巾、帽子，并组织学校专家一起参加，专家在书籍上赠言签名，留下联系方式，对孩子们进行励志教育。

（6）开展为本校优秀贫困大学生募捐活动。2022年上半年，根据学校党委的指示，学校工会组织全校21个分工会为学校"傅敏铨·唐木林"教育基金会品学兼优的贫困大学生募捐，历时一个月时间，采用微信线上募集的方式，共微信募捐26万多元，已交由学校校友会集中管理。

（三）为特殊教职工群体送温暖，传递党的关怀

发扬阶级友爱，帮扶困难职工、传递党的关怀，是工会性质的体现。一到冬天，学校工会就会牵挂困难职工，惦记在外援藏干部、扶贫干部和一线抗疫干部，冬天为他们送温暖是工会每年的必修课。自2017年以来，学校工会遵循上级政策，慰问困难教职工近100人次，慰问援藏干部、扶贫干部和一线抗疫干部20多人次，使他们感受到职工之家的温暖。2022年12月上旬，湖南新冠肺炎暴发，学校工会为参加研究生招生考试的300多名监考老师和工作人员送去防疫、抗疫慰问物资。

（四）服务学校事业发展大局，关心农民工

工农联盟是我国国家政权的阶级基础，农民是中国工人阶级最可靠的同盟军，农民工也是中国特色社会主义的建设者的组成部分，中国工会明确规定，为了扩大党执政的阶级基础和群众基础，要争取农民工加入工会。

在我校保卫部门、物业管理部门、基建、后勤水电、花木管理、基础设施维修、车队、食堂服务部门聚集了农民工近300人，他们辛勤工作在自己的岗位，履职尽责，他们有参加学校工会活动的愿望，学校工

会虽然没有发展他们加入工会，但在炎热的夏天，学校工会给户外工作的农民工送去党的关怀。2019年至2021年每年夏天，学校工会为基建工人、校园树木养植工、户外巡逻安保人员、户外作业水电工共计228人夏送清凉。2022年夏天，学校一号教学楼整体进行维修改造，学校工会为60名农民工送去西瓜、矿泉水、毛巾、绿豆、王老吉凉茶、驱蚊药等用品，送去了党对农民工的关怀。

第六章

管——健全联系广泛、服务教职工的工会工作体系

2020年11月24日，习近平总书记在全国劳动模范和先进工作者表彰大会上指出，要健全联系广泛、服务职工的工会工作体系，努力提高工会工作能力和水平。中国工会十七大报告指出，坚持加强基层工会建设是工会工作彰显活力的基础和关键。构建联系广泛、服务教职工的工会工作体系，是深化工会改革创新、夯实工会基层基础、充分发挥工会组织职能作用的实践要求。

第一节
健全联系广泛、服务职工工会工作体系的重要论述

一、高等学校工会"管"的科学内涵

1."管"的科学含义

张俊伟博士在《极简管理：中国式管理操作系统》一书中，对管与理定义为：管原意为细长而中空之物，其四周被堵塞，中央可通达。使之闭塞为堵，使之通行为疏。所以，管既包含疏通、引导、促进、肯

定、打开，又包含限制、规避、约束、否定、闭合之意，一般管和理同时并用。理，本义为顺玉之纹而剖析，代表事物的道理或发展规律，包含合理、顺理的意思。管理犹如治水，疏堵结合，顺应规律而已。所以，管理就是合理地疏与堵的思维与行为。

李兴山在《现代管理学》一书中，分析了管理理论创始人、美国著名管理学家泰罗和古典管理理论代表人物之一、法国的法约尔对管理的研究，得出管理的一般定义，即一般地说，管理是指在一定的环境下，管理主体为了达到一定的目的，运用一定的职能和方法，对管理客体施加影响和进行控制的过程。

管理的含义众说纷纭，孙永正在《管理学》一书中，关于管理的定义是指在特定时空环境下，管理者对组织的资源进行一定计划、组织、领导、控制以有效实现组织目标的过程。他提出管理具有计划、组织、指挥、控制四大职能。计划职能是指对未来活动的预先谋划；组织职能是指对每个组织成员规定在工作中形成的合理的分工协作关系；指挥也叫领导职能，是指管理者去指挥、影响和激励组织成员；控制就是按照既定目标和标准对组织的活动进行监督、检查，发现偏差，采取纠正措施，使工作能按原定计划进行，或者适当调整计划以达到预期目的。

2.高等学校工会"管"的含义

高等学校工会是教职工思想政治工作阵地，作为党的群众组织和工会基层组织，具有一定的组织目标。按照中国工会十七大的部署要求，工会组织的目标任务就是"破解制约工会工作创新发展的制度性障碍，形成联系广泛、服务群众的工会工作体系"。中国工会十七大通过的《中国工会章程》，将中国工会基本职责进一步完善为"维护职工合法权益、竭诚服务职工群众"，将"竭诚服务职工群众"作为工会基本职责新的内容。

健全联系广泛、服务群众的工会工作体系是对新时代工会工作提出的新任务、新要求，也是完善党的领导体系的重要内容，是提高工会工作能力和水平的重要举措。高等学校工会要从自身特点出发，在优化强化工会职能、拓展服务教职工阵地建设、夯实工会基层组织、推进网上工会建设、建设高素质工会干部队伍、加强工会制度建设等方面加大推进力度，采取有力、有效措施，做到落地生根见实效，就必须疏堵结合，以完成组织的计划和目标任务。

二、构建联系广泛、服务职工工会工作体系的历史背景及主要内容

（一）构建联系广泛、服务职工工会工作体系的历史背景

群团事业是党的事业的重要组成部分，党的群团工作是党治国理政的一项经常性、基础性工作，是党组织动员广大人民群众为完成党的中心任务而奋斗的重要法宝。工会、共青团、妇联等群团组织联系的广大人民群众是全面建设社会主义现代化国家、坚持和发展中国特色社会主义的基本力量，是党和国家全面深化改革、全面推进依法治国、巩固党的执政地位、维护国家长治久安的基本依靠。

党的十八大以来，以习近平同志为核心的党中央高度重视党的群团工作，提出了一系列新理念、新思想、新战略，采取了许多重要举措加强和改进党的群团工作。2015年1月，中共中央下发了《中共中央关于加强和改进党的群团工作的意见》，强调指出，群团组织要广泛把群众组织起来、动员起来、团结起来，奋力推进中国特色社会主义伟大事业。2015年7月，党中央在历史上第一次召开了中央党的群团工作会议，习近平总书记出席会议并发表重要讲话，对切实保持和增强党的群团工作的政治性、先进性、群众性提出明确要求，强调群团组织要强化服务意识，提升服务能力、挖掘服务资源。强调指出："中国特色社会主义是亿万人民的事业，党的群团工作肩负着庄严使命。工会、共青团、妇联等群团组织一定要坚持解放思想、改革创新、锐意进取、扎实苦干，切实保持和增强党的群团工作和群团组织的政治性、先进性、群众性，

组织动员广大人民群众更加紧密地团结在党的周围，把广大人民群众对美好生活的追求汇聚成强大动力，共同谱写实现'两个一百年'奋斗目标、实现中华民族伟大复兴中国梦的新篇章"。从此，群团改革自上而下如火如荼逐渐展开，其中围绕群团组织的吸引力、影响力，更广泛地联系群众、更好地服务群众，是群团组织改革的一个重要着力点。

2018年2月，党中央召开了十九届三中全会，审议通过了《中共中央关于深化党和国家机构改革的决定》，对新时代党的群团工作提出了新任务、新要求，指出要构建"联系广泛、服务群众的群团工作体系"，从而将群团工作体系纳入党和国家的机构职能体系。2019年10月，党的十九届四中全会召开，全会审议通过的《中共中央关于坚持和完善中国特色社会主义制度、推进国家治理体系和治理能力现代化若干问题的决定》，在"坚持和完善党的领导制度体系"部分，提出要健全为人民执政、靠人民执政各项制度，包括健全联系广泛、服务群众的群团工作体系，推动人民团体增强政治性、先进性、群众性，把各自联系的群众紧紧团结在党的周围。

形成联系广泛、服务群众的群团工作体系，对于工会来说，就是要建立健全联系广泛、服务职工群众的工会工作体系，不断增强工会组织的吸引力、凝聚力、战斗力，把工会组织建设得更加充满活力、更加坚强有力，更好地承担起团结引导广大职工听党话、跟党走的政治责任。2018年9月25日，中华全国总工会印发《深化工会改革创新实施方案》，将"形成联系广泛，服务职工的工会工作体系"写入深化工会改革创新的指导思想中，并在目标任务中将这一工作体系细化为"健全完善工会组织体系、维权服务工作体系、制度机制体系等"。2018年10月，中国工会第十七次全国代表大会在北京召开，在大会报告中，以"八个坚持"对习近平总书记关于工人阶级和工会工作的重要论述的基本内涵进行了概括，以"四个立足"对重要论述的实践要求进行了分析，其中"第四个立足"是"立足全面深化改革新阶段，在构建联系广泛、服务职工的工会工作体系中开拓创新。"中国工会十七大通过的《中国工会章程》，将中国工会基本职责进一步完善为"维护职工合法权益、竭诚服务职工群众"，将"竭诚服务职工群众"作为工会基本职责新的内容。

（二）构建联系广泛、服务职工工会工作体系的主要内容

作为群团工作体系的重要组成部分，工会应该以党的十九届四中全会精神为指导，健全联系广泛、服务职工群众的工会工作体系。根据《中共中央关于坚持和完善中国特色社会主义制度、推进国家治理体系和治理能力现代化若干问题的决定》，准确把握全会对工会参与国家治理提出的新任务、新要求，围绕增强工会组织的政治性、先进性、群众性，在建机制、强功能、增实效上下功夫。要按照全总十七届三次执行委员会的部署，在加快建立健全"八个方面"的制度上下功夫，着力健全联系广泛、服务群众的工会工作体系。

高等学校工会是教育工会的基层组织，要健全"八个方面"的制度，夯实高等学校工会基层组织，坚持工会正确政治方向，坚持工人运动时代主题，构建联系广泛、服务教职工的高等学校工会工作体系。一是要坚持和完善自觉接受党的领导制度，坚持党委领导下的校长负责制，把教职工紧紧团结在党组织的周围，巩固党在高等学校领导的阶级基础和群众基础。二是坚持全心全意依靠工人阶级的方针，发挥教职工在教学、科学研究工作中的主力军作用，坚持以教职工为中心的工作导向，推动健全保障教职工主人翁地位的各项制度安排，健全广泛开展劳动和教学技能竞赛制度、弘扬劳模精神、劳动精神、工匠精神的制度。三是坚持和完善强化教职工思想政治引领制度、加强和改进教职工思想政治工作制度、教职工文化建设制度等。四是坚持和完善"四有"好教师队伍建设，培养党和人民满意的好老师。五是坚持和完善维权服务制度，完善教职工普惠性服务制度，健全困难职工帮扶解困制度。六是坚持和完善劳动关系协调机制，推动完善党政工共同参与的协商协调机制。七是坚持和完善深化工会改革创新制度，完善加强基层组织建设制度，密切联系职工群众制度。八是坚持完善加强工会系统党的建设制

度，努力提高工会系统党的建设质量。工会要通过有效的管理，不断加强对制度执行的组织领导、监督检查，推动工会各项工作制度化、法治化，把工会改革向纵深推进、向基层延伸。

第二节
构建联系广泛、服务职工工会工作体系的举措和路径

坚持加强基层工会建设，是工会工作彰显活力、发挥作用的基础和关键，是实现工会工作目标、构建联系广泛、服务教职工的工会工作体系的固本良策。高等学校工会构建联系广泛、服务教职工的工会工作体系，要以加强基层工会建设为重心，在工会制度建设上下功夫，以工会改革创新为动力，以工会干部队伍建设为保障，不断增强高等学校工会团结教育、维护权益、服务教职工功能，把高等学校工会改革创新不断引向深入，为高等学校发展贡献工会智慧和力量。

一、加强基层工会建设

基层工会是工会工作的基础和关键，要从"三个着力"上下功夫，切实增强工会组织的凝聚力。一是着力扩大覆盖面、增强代表性。要站在巩固党执政的阶级基础和群众基础的高度，把教职工凝聚在党周围，坚持重心下移，增强基层工会活力，发挥基层工会作用。二是不断夯实基层基础。树立大抓基层的鲜明导向，坚持眼睛向下，面向基层，把更多的资源、更多的工作精力投向基层，着力解决基层工作任务重、人手少、经费不足等实际问题，为基层工会开展工作创造良好的条件。三是加强基层工会规范化建设和制度建设。坚持以"六有"（有依法选举产生的工会主席、有健全的组织机构、有服务职工的活动载体、有健全完

善的制度机制、有自主管理的工会经费、有会员满意的工作业绩）工会建设为统领，以"双亮"（工会组织亮牌子、工会主席亮身份）为前提，以"双争"（争创模范职工之家、争做职工信赖的娘家人）为动力，以制度建设为保障，让基层工会组织真正成为职工群众信赖的职工之家。

二、深化工会改革创新

工会改革是国家全面深化改革的组成部分，要在两个方面坚持改革创新：一是在增动力方面的改革创新。要坚持增强政治性、先进性、群众性的工会改革方向，健全联系广泛、服务教职工的工会工作体系，着重要在建机制、强功能、增实效上下功夫，要强化优化职能，聚焦主责主业，破解制约工会工作创新发展的制度性障碍，切实增强工会团结教育、维护权益、服务职工功能，切实提高职工对工会工作的获得感、认可度。二是在工会工作载体上的改革创新。要把网上工作作为工会联系职工、服务职工的重要平台，增强传播力、引导力、影响力。建设智慧工会，强化互联网思维，运用大数据、云计算、物联网、人工智能等手段，推进工会工作。加强工会网上平台建设，推动分工会与校工会、工会与行政职能部门的互联互通，用信息化手段掌握职工需求动态，畅通职工沟通渠道，提高维权服务的水平和效率。

三、加强工会干部队伍建设

工会干部队伍是做好新时代工会工作的重要组织保证，构建联系广泛、服务教职工的工会工作体系，必须加强工会干部队伍建设，推动建设一支信念坚定、为民服务、勤政务实、敢于担当、清正廉洁、让党放心、让人民群众满意的高素质、专业化的工会干部队伍。

（1）要加强工会干部的政治建设，提高工会干部的政治能力。工会干部要坚持用习近平新时代中国特色社会主义思想武装头脑、推动实践、指导工作，不断增强"四个意识"，坚定"四个自信"，做到"两个维护",始终在政治立场、政治方向、政治原则、政治道路上同以习近平同志为核心的党中央保持高度一致。要增强政治敏锐性和政治鉴别力,强化政治担当,敢于亮剑、善于斗争,始终保持工会工作正确的政治方向。

(2)要加强工会干部的专业培训,提高工会干部的专业能力。当前我国经济增长由高速增长阶段向高质量增长阶段转变,社会结构深刻变化,利益群体不断增加,职工队伍内部结构、整体素质、权益保障、个体需求不断发生新的变化,工会工作范围不断拓宽,工作内容不断增多,工作任务不断加重,对工会干部联系职工、服务职工的专业素质提出了新要求。工会干部要加强专业知识学习,重点围绕团结动员职工建功新时代、加强职工思想政治引领、加大维权力度、构建和谐劳动关系、深化工会改革创新等,组织开展务实管用的专业培训,增强专业素质,提高维权服务能力。

(3)加强工会干部的作风建设,提高工会干部做群众工作的能力。群众性是工会组织的根本特点,提高工会干部群众工作能力是对工会干部的基本要求。工会要建立基层联系点,实现深入基层常态化、制度化。深入职工群众,关心职工群众,依靠职工群众开展工作,倾听他们的呼声,关心他们的疾苦,为他们排忧解难,始终同职工群众心连心。坚决防止"四风",要加强调查研究,探索走出工会理论研究新路子,提升群众工作本领、执行工作制度及参与国家治理的能力。

第三节　湖南中医药大学工会实践

一、加强基层工会建设

基层工会离职工最近,联系职工最直接,服务职工最具体,是工会工作的基础和关键。要从巩固党执政的阶级基础和群众基础的高度出发，始终坚持正确方向，不断创新工作方法，着力扩大覆盖面、增强代表性，着力强化服务意识、提高维权能力，着力加强队伍建设、提升保障水平，切实增强工会组织的凝聚力。高等学校工会组织的工作重点在教学、科研、管理服务一线，如何维护好教职工的合法权益、竭诚服务好教职工，是高等学校工会工作的重中之重。

（1）扩大工会组织覆盖面　近年来，湖南中医药大学工会认真贯彻习近平总书记关于加强基层工会建设"三个着力"的指示精神，扩大工会覆盖面，在教职工中积极发展工会会员，全校所有在编在岗教职工都加入了工会组织。近两年，在合同制管理的临聘人员中发展会员，已吸纳同工同酬合同制临聘人员入会，学校本部21个分工会、工会会员达1185人，覆盖教学、科学研究、管理、服务的方方面面。由于事业单位管理体制的限制，学校虽然未吸纳农民工入会，但在劳动合同、劳动工资、休假制度等方面，严格按国家法律法规办事，维护农民工的合法权益。学校工会也给予农民工关爱，在夏天，为户外工作的农民工夏送清凉，送去党的关怀。

（2）不断夯实工会基础　健全学校工会——二级学院分工会——教研室（科室）工会小组三级工会组织体系。在学校工会的指导和大力支持下，全校21个分工会组织健全，工会领导班子成员配备到位，职责明确。学校工会树立大抓基层的鲜明导向，在资金配置方面，学校工会按人平600元的标准拨付分工会活动经费。在资产配置方面，学校工会、行政支持分工会创建模范教职工小家，在房屋、设备方面给予大力支持。学校建立了教职工乒乓球、羽毛球、篮球、足球、花卉、太极拳、舞蹈等协会，每年给予协会适当的活动经费，满足教职工的个性化文化体育需求。为推动基层工会切实维权、竭诚服务教职工，学校工会建立了校工会委员联系分工会制度，校工会委员定期下点调研，听取群众意见，了解群众诉求，慰问困难职工，指导分工会开展工作，将党的群众路线和全心全意为人民服务的宗旨落实到健全联系广泛、服务职工的工会工作体系之中。

（3）加强分工会规范化建设　学校工会加强对分工会的领导，制定了《分工会年度目标管理考核评分办法》，从领导重视支持、职工教育与民主管理、为教职工办实事、自身建设四个方面对分工会工作的目标任务提出具体要求，年底对分工会进行目标管理考核，并以此作为学校对二级单位绩效考核和分工会两年一度评先工作的主要依据。在目标管理视域下，分工会高度重视工会工作，高度重视与教职工的联系和服务工作，根据《中华全国总工会关于新形势下加强基层工会建设的意见》，以建设"六有"工会为目标，校院两级工会组织有依法选举产生的工会主席，有健全的组织机构，有服务职工的活动载体，有健全完善的制度机制，有自主管理的工会经费，有会员满意的工作业绩。2017—2021年，学校工会两次开展先进分工会、优秀工会干部、优秀工会会员、工会积极分子的表彰活动，教学科研一线分工会的工作得到教师们的高度肯定。学校工会重视教职工之家建设，加强工会内涵建设，使工会真正成为教职工的精神家园，成为教职工有事就找的娘家。同时，深

马克思主义学院"模范教职工小家"创建工作通过学校验收

入开展创建职工小家活动,让基层工会组织成为教职工信赖的教职工小家。目前,学校有中国教科文卫体工会模范教职工小家1个,省总工会模范职工之家3个,省教育工会模范教职工小家10个,学校模范教职工小家14个。

二、加强工会制度建设

湖南中医药大学工会按照党中央对群团组织的要求,按照上级工会对基层工会组织关于加强工会党的建设的总要求,着力加强制度建设,加强工会的规范化、制度化、科学化管理。

(1)《学校教职工代表大会实施细则》 根据教育部《学校教职工代表大会规定》,结合学校工会工作实际,建立此"细则"。对学校教职工代表大会的酝酿筹备,代表的产生、资格及任期,大会的内容,教代会的工作机构,代表提案的征集、办理等方面,作了细致的安排,是一部指导性、操作性很强的规章制度。

(2)《学校校务公开实施细则》 教职工代表大会是学校校务公开的基本形式。此"细则"重在对教职工代表大会闭会期间的校务公开要求,对学校应公开的部门、应公开的事项、应公开的范围与时间,都作了明确规定。此项制度的制定,充分保证了教职工对学校发展建设的知情权、表达权、参与权、监督权。

(3)《学校工会经费管理实施细则》。此"细则"对工会经费的收入来源、使用规定、禁止事项都作了明确规定,在原有的《工会经费管理办法》基础上增加了教职工福利、"六必慰问"制度,体现了工会工作一切为了群众、一切服务群众的宗旨。

(4)《学校教职工大病医疗互助基金管理办法》 此"办法"是学校党委2013年主持制定的、服务教职工健康的一大举措,学校行政给予了大力支持,由学校工会执行。从2017年春节起,学校工会根据离退休老干部、老专家的意见要求,两次下调报销门槛,一次上浮报销比例,得到学校党委和行政的支持,为教职工争取到了学校发展的红利,深受教职工信赖。

（5）《湖南中医药大学教职工申诉处理办法（试行）》 此"办法"是组织人事部2021年根据学校党委的决定制定的一项维护教职工合法权益的制度。申诉受理机构设在校工会。这项制度的制定体现了学校党组织和工会组织在维护教职工合法权益方面的行动自觉、担当作为和互联互通。

（6）《学校工会委员联系分工会制度》 此"制度"着力于贯彻以人民为中心的工会工作理念，坚持党的群众路线，强化工会服务功能，增进与教职工的感情，增强校工会委员对群众的责任感，促进和谐校园建设。

（7）《学校文体协会管理办法》 此"办法"对文体协会的概念、建立、入会条件、会员的权利、义务、经费筹集与管理、会员安全作了规定。体现了工会协会的群众性、自主性。

（8）《学校工会先进集体和先进个人评选表彰办法》 此"办法"对评选先进的目的意见、条件、评选程序、名额分配比例、奖励作了规定，具有较大的激励作用。

（9）《学校分工会目标管理考核评分办法》 此"办法"主要从"领导重视、民主管理、教职工文体活动、分工会自身建设、理论研究和获得的荣誉"5大项24小项对二级分工会进行年度考核，目的在于激励，为评选先进工会集体提供依据。

（10）《湖南中医药大学工会工作规定》（以下简称《规定》） 学校工会通过学习习近平总书记关于工人阶级和工会工作的重要论述，经过几年的实践探索，2022年7月建立颁发此《规定》。《规定》总则明确了工会正确的政治方向和工作方针；《规定》第十九条明确了学校工会的工作职责；从多方面明确健全工会联系广泛、服务教职工的工作体系，为基层工会正确引导教职工、动员教职工岗位建功立业、维护教职工合法权益、竭诚服务教职工指明了方向，提出了指导性意见。

三、加强工会干部队伍建设

习近平总书记指出，群团干部队伍是党的干部队伍的重要组成部分，是做好党的群团工作的重要组织保证。工会干部时刻都要牢记自己是党的干部，必须做到信念坚定、为民服务、勤政务实、敢于担当、清正廉洁。工会干部队伍是做好新时代工会工作的重要组织保障，构建联系广泛、服务职工的工会工作体系，必须建设一支高素质、专业化的工会干部队伍。加强工会干部队伍建设，要在能力建设与作风建设方面下功夫。

（一）加强工会干部的能力建设

1.提高工会干部的政治能力

学校工会坚持把党的政治建设摆在首位。学校坚持通过民主选举，让群众自己选拔工会干部，坚持用习近平新时代中国特色社会主义思想武装工会干部头脑，建立学习型、服务型、创新型工会干部队伍，不断增强"四个意识"，坚定"四个自信"，做到"两个维护"，始终在政治立场、政治方向、政治原则、政治道路上同以习近平同志为核心的党中央保持高度一致。2021年，乘党史学习教育的东风，学校工会在校、院两级工会干部队伍中开展中国工运史专题讲座和教育活动，从中国共产党领导百年工运的历史中汲取奋进的力量。

2.提高工会干部的专业能力

工会努力营造促进工会干部学习的氛围。2022年，学校工会主办《工会法》《中国工会章程》《宪法》《教育法》《劳动法》等法律法规的培训，开展工会基本知识与法律法规的竞赛。同时，组织校、院两级工会干部到韶山毛泽东同志纪念馆、毛泽东同志遗物馆学习考察，既锤炼工会干部的政治品格，又提高业务知识和做群众工作的能力。2022年，学校工会还组织工会干部和教职工通过微信的方式网上参与省教育工会组织的《职工代表大会知识》学习与竞赛活动，组织参加学校宣传部主办的网上普法学习和考试。学校工会重点围绕动员职工建功新时代、加强教职工思想政治引领、加大维权服务力度、构建和谐劳动关系、深化工会改革创新等务实管用的知识需求开展走出去与请进来结合的专业知识培训。

（二）加强工会干部的作风建设

群众性是工会组织的根本特点，密切联系群众既是党的工作作风，又是工会工作的必然要求。加强工会干部的作风建设，就是要建立完善工会干部密切联系群众的制度机制，深入教职工群众，关心群众，依靠群众开展工作；就是要求真务实，加强调查研究，解决教职工群众急难愁盼的问题。

（1）建立了《学校工会委员与分工会联系制度》。制度规定了工会委员的职责、结对联系点，从制度安排上保证工会干部与教职工的联系。

（2）高度重视深入教职工中调查研究，为教职工办实事、解难事。教职工工作上的事、生活上的事，只要是工会所能的，工会干部都热心去做。针对教职工子弟入学问题，学校工会既一揽子解决整体转学校的问题，又解决个别教职工子弟特殊情况，如人才引进子女入学问题，如教职工第三代无房孙辈入学问题，学校工会全力相助。经济困难教职工和患重大疾病教职工始终是学校工会的牵挂，学校工会负责人亲自深入教职工群众之中，摸清具体情况，精准施策，精准帮扶，亲自上门慰问。

2021年学校工会干部培训班教师与学员合影

2022 年学校工会委员和分工会主席在韶山参观学习

近年来，工会主要领导上门慰问困难教职工 100 多人次，慰问生病住院教职工 60 多人次。随着形势的发展，教职工家宿区的许多问题也转到了工会，如老房子的电梯安装问题、物业与业委会的矛盾问题、本校教职工业主的诉求问题，他们都会找工会帮助，学校工会成为了教职工最可信赖的娘家。

四、推动工会改革创新

（一）工会改革创新背景

改革创新是时代发展的最强音，工会改革创新是工运事业发展的动力。以习近平同志为核心的党中央高度重视工会工作，高度重视工会改革创新。习近平总书记指出，工会改革是全面深化改革的重要组成部分。要构建联系广泛、服务职工的工会工作体系，要在建机制、强功能、增实效上下功夫。在一定时期内，高等学校的工会工作与新时代党对工会提出的新要求，与社会变化给职工需求带来的新任务相比，工会联系广泛、服务教职工工作还存在一些不适应的地方表现在：高等学校工会受重视程度与党对工会的要求还存在差距；工会人财物资源相对匮乏；工会基层基础薄弱的短板需要进一步补齐；工会工作载体和手段还不够丰富，与职工需求存在一定差距；工会服务内容还不够完善，服务力度还有待进一步拓展；一些工会基层干部对工会工作的认识程度不深刻不全面，改革意识与担当精神不够强，深入基层、服务职工的作风不太扎实，做教职工群众工作的本领还有待提高。这些问题需要不断深化工会改革，在构建联系广泛、服务职工群众的工会工作体系中开拓创新。

2015年7月党中央召开了历史上第一次群团工作会议，2017年10月党的十九大胜利召开，2018年7月，湖南省工会第十六次代表大会在湖南省政府人民会堂开幕。2018年10月中国工会十七大胜利召开，10月29日习近平总书记同中国工会十七届领导班子成员集体谈话，以后发表了一系列关于工人阶级和工会工作的重要论述和指示精神，推动了全总《深化工会改革创新实施方案》出台。从此，湖南中医药大学工会与时代同步，工会工作进入了一个崭新时代。

（二）工会改革创新实践

2016年9月，湖南中医药大学工会主要领导调整，校、院两级工会干部队伍也迎来大调整、大整顿、大提高。学校工会紧跟时代的脚步，贯彻中央党的群团工作会议精神、党的十九大关于以人民为中心的工作理念，落实湖南省工会十六大和中国工会十七大会议精神，遵循习近平总书记关于工人阶级和工会工作的指示精神，锐意进取，担当作为，着力在增动力、强载体上下功夫，落实工会政策，开拓创新。

1. 从解决经济关系的矛盾着手改革创新

工会是经济关系、劳动关系矛盾的产物，只有解决了经济关系问题，教职工的凝聚力才会提升，学校工会的影响力才会增强，工会服务大局的存在感才会彰显。学校工会努力争取，学校行政按《工会法》规定的比例拨付工会经费，另投入专项经费委托工会代管；学校工会增加工会会员集体福利等多项服务教职工的内容。此项工作得到了省教育工会、省总工会的大力支持，在多名高校工会常务副主席的共同呼吁下，省教育工会、省总工会顺应民意，2018年7月，湖南省总工会以湘工发【（2018）20号】文件明确规定，在国家七个法定节日，工会可以给会员赠送价值300元符合节日特点的慰问物资；同时，文件明确规定，会员生日可以享受价值300元的生日蛋糕券，会员结婚、生育、生病住院、会员直系亲属逝世、会员本人退休、逝世，都可以享受到工会组织不少于1000元的慰问物资或慰问金。既有了钱，又有了政策，学校工会当年10月全面启动工会会员集体福利制度，并将落实这一制度的实施办法、流程写进《湖南中医药大学工会经费管理实施细则》和《湖南中医药大学工会工作规定》中，与此同时，教职工在体检、学校教职工大病医疗互助方面、省总工会的医疗互助方面享受的红利也大有提升，学校教职工从此享受工会福利，这在大学工会历史上是一个突破。

2.从切实维护教职工的民主权利方面改革创新

从2017年开始，学校工会切实担负起学校教职工代表大会工作机构的职责，坚决执行《学校教职工代表大会规定》。每年放寒假之前，学校工会就开始布置教职工代表开展广泛的调查研究，撰写代表提案；同时，学校工会工作部门开始筹备一年一次的教职工代表大会和工会会员代表大会，每年三月份学校开学后的第二周，学校准时召开教职工代表大会和工会会员代表大会，向代表报告学校上年度的行政工作、工会工作总结和财务情况，专题研究学校重要制度、重大改革方案、重要事项。征集代表提案，扎实为教职工解决工作、生活、职工发展的诉求。严格执行教育部《学校教职工代表大会规定》，按时召开教代会和工代会，切实保证教职工的民主权利，这在大学历史上是极大的进步。

3.进行工会机构改革,增加工会服务功能

学校工会现设组织权益部与宣传文体部,取代原来的综合办公室和民主管理办公室,涵盖了工会组织建设、干部队伍建设、维护服务、教职工政治引领、宣传教育动员、文化建设与体育活动,真正体现了工会的四大社会职能。

4.进行工会工作体制与制度的改革创新

近年来,学校工会明确了校院两级工会组织领导班子职数、任职条件、职责,进行了一系列促进工会发展、密切联系教职工、维护教职工、服务教职工的制度安排和举措,使学校工会事业走上正轨,蓬勃发展。

5.进行工作载体和手段的改革

随着科学技术的迅速发展,信息化、自动化技术日益彰显出其强大的力量。智慧工会,强化互联网思维,运用大数据、云计算、物联网、人工智能等手段,成为加强工会与职工群众联系、服务职工的方便、快捷的方式。我校工会将互联网信息技术充分运用于职工教育、工会维权、服务之中。建立智慧工会,创立网上学习平台、网上信息发布平台、网上文体活动平台、网上会议、论坛、网上募捐等。建立会员大数据管理系统,工会福利通过物联网采购,网上选购下单,既遵循了学校相关制度,又补齐了工会工作人手不足的短板,大大提高了工作效率。

五、加强改进工会财务和经审工作

管好用好工会经费,对于确保工会各项重点工作开展、增强工会服务教职工的物质基础、更好地发挥在学校改革发展中的作用意义重大。学校工会遵照学校党委会议决议统筹安排,服从学校大财务管理。学校财务处委派一名工会专职会计和一名出纳管理工会经费,工会经费实行"一支笔"负责。2017年,学校工会建立了《湖南中医药大学工会经费

管理办法》，2021年，根据上级政策的调整和形势的发展，修订为《湖南中医药大学工会经费管理实施细则》，进一步增加了工会的服务内容，将工会资源向基层分工会投放，明确了校、院两级工会使用。根据学校工会年度工作计划，科学编制年度财务预算，交校工会委员会集体审议通过，报省教育工会审查通过后执行。学校工会财务接受经费审查委员会的审查，在每年的教代会和工代会上，向教职工代表报告工会经费收支使用情况，接受教职工的监督。六年来，我校工会财务在省教育工会组织的财务工作考核评比中，四次获得先进单位特等奖，两次获先进单位一等奖。

第七章

湖南中医药大学工会工作成效与体会

党的十八大以来,中共中央对党的群团工作高度重视,习近平总书记对工会工作高度重视,发表了关于工人阶级和工会工作的一系列重要论述,作出重要指示,对加强党的工会工作具有重大的指导意义。学校工会得到了学校党委和湖南省教育工会的高度重视,得到了学校行政的大力支持,通过顶层设计、制度保障、把关心送到教职工的手里,把爱送到教职工的心里,工会工作推动了学校各项事业的发展,得到了上级的高度肯定,取得了一些成绩和荣誉。一批优秀"娘家人"既担当作为,又带头立足岗位建功立业,成为湖南中医药大学各条战线先锋、马前卒、行为示范、学习楷模。学校工会进行了一系列制度建设和创新,为推动学校工会工作的发展提供了制度保障。

第一节 学校工会工作成效

在校(院)党委和湖南省教育工会的正确领导下,湖南中医药大学工会工作取得了显著的成绩。近六年来,学校工会连续获得湖南省教育工会"目标管理先进单位"荣誉称号;工会财务连续获得湖南省教育工会"工会财务管理先进单位特等奖";由工会推荐,2022年12月,湖南中医药大学获评湖南省总工会"职工职业道德建设标兵单位",学校药学院实验室和护理学院分别获湖南省总工会"工人先锋号""芙蓉标兵岗"等荣誉称号;近3年来,学校选拔的60多名教师分别在湖南省教育厅、湖南省委宣传部、教育部举办的教学竞赛中获奖。

一、学校工会综合工作获得的荣誉

(一)湖南中医药大学工会综合工作获奖情况

2016年度,湖南省教育工会年度目标管理考核先进单位。
2017年度,湖南省教育工会年度目标管理考核先进单位。
2019年度,湖南省教育工会年度目标管理考核先进单位。
2021年度,湖南省教育工会年度目标管理考核先进单位。
2022年度,湖南省教育工会年度目标管理考核先进单位。

(二)学校工会财务工作获得的奖励

2016年度,湖南省教育工会年度工会财务工作考核先进单位一等奖。
2017年度,湖南省教育工会年度工会财务工作考核先进单位特等奖。
2018年度,湖南省教育工会年度工会财务工作考核先进单位特等奖。
2019年度,湖南省教育工会年度工会财务工作考核先进单位一等奖。
2020年度,湖南省教育工会年度目标管理考核先进单位特等奖。
2021年度,湖南省教育工会年度工会财务工作考核先进单位特等奖。

(三)学校工会推荐教职工团队获得的荣誉

2019年,护理学院获湖南省总工会"芙蓉标兵岗"。

2021年,药学院湖南省中医药民族医药国际联合实验室获湖南省总工会"工人先锋号"。

2022年7月,学校校歌《放飞梦想》获湖南省学校文化建设促进会、湖南教育电视台颁发的"2022年湖南省学校文化建设创新成果二等奖"。

2022年12月,湖南中医药大学获评湖南省总工会"职工职业道德建设标兵单位"。

2023年4月,湖南中医药大学获评湖南省"五一劳动奖状"。

二、学校工会会员近三年在上级组织的教学竞赛中获得的奖励

以下列举的获奖情况是自2019年以来获得省级及以上教学竞赛奖项的教学团队及个人，获奖项目均为教师参加由国家教育部、中共湖南省委宣传部、湖南省教育工作委员会、湖南省教育厅、湖南省教育工会举办的教学技能竞赛，不包括由各级各类学会组织的教学竞赛，也不包括教师指导学生参加的教学竞赛，统计时间2019年1月至2022年5月，以学校教师教育发展中心报告的信息为依据。

1. 获奖团队

刘莉团队，2021年，反映抗疫中医湘军的诗歌朗诵《战》获教育部举办的全国第六届大学生艺术展演活动艺术表演类甲组一等奖。

龙专团队，2022年，体育艺术学院分工会获全国高校健身气功锦标赛集体一等奖。

谢雪姣团队，2022年，获第二届全国高校教师教学创新大赛一等奖。

刘莉团队，2020年12月，反映抗疫中医湘军的诗歌朗诵《战》荣获湖南省第六届大学生艺术展演一等奖。

李婕、彭瑛、杨帆、刘雨薇等团队，2020年获湖南省普通高校外语课程思政教学竞赛二等奖。

2. 获奖个人

颜红，2019年获全国高等学校药学类专业青年教师微课教学大赛特等奖。

肖美凤，2019年获全国高等学校药学类专业青年教师微课教学大赛一等奖。

刘伟，2019年获第一届全国中医药信息教育中青年教师教学比赛一等奖。

肖美凤，2019年获全国高等学校药学类专业青年教师教学能力竞赛二等奖。

卢茂芳、王志琪，2019年获全国高等学校药学类专业青年教师微课教学大赛二等奖。

颜红，2019年获全国高等学校药学类专业青年教师教学能力竞赛二等奖。

朱红英，2019年获湖南省普通高校教师课堂教学竞赛一等奖和"湖南省高校教学能手"。

朱红英，2019年获第二届湖南省高校思想政治课教学展示一等奖。

胡靖，2019年获第二届湖南省高校思想政治课教学展示一等奖。

肖卜文，2019年获第二届湖南省高校思想政治课教学展示一等奖。

余娜，2019年获湖南省普通高校教师课堂教学竞赛一等奖和"湖南省高校教学能手"。

陈洪，2019年获湖南省普通高校教师课堂教学竞赛一等奖和"湖南省高校教学能手"。

胡思远，2020年获湖南省普通高校教师课堂教学竞赛一等奖和"湖南省高校教学能手"。

谢雪姣，2022年获湖南省高校教师创新教学竞赛一等奖和"湖南省高校教学能手"。

梁源，2022年获湖南省高校课堂教学竞赛和创新教学竞赛一等奖和"湖南省高校教学能手"。

刘伟，2019年获湖南省普通高校教师课堂教学竞赛二等奖。

郑慧，2019年获湖南省普通高校教师课堂教学竞赛二等奖。

王超，2019年获第二届湖南省高校思想政治课教学展示二等奖。

刘登科，2019年获第二届湖南省高校思想政治课教学展示二等奖。

李雅，2020年获湖南省高校教师信息化教学竞赛二等奖。

湛欢，2020年获湖南省普通高校教师课堂教学竞赛二等奖。

肖卜文，2020年获湖南省普通高校教师课堂教学竞赛二等奖。

龙腾，2021年获湖南省第五届普通高校青年体育教师课堂教学竞赛二等奖。

朱薇娟，2021年获湖南省第五届普通高校青年体育教师课堂教学竞赛二等奖。

刘登科，2021年获第三届湖南省高校思想政治理论课教学展示二等奖。

伍永慧，2019年获湖南省普通高校教师信息化教学竞赛三等奖。

谭致君，2019年获湖南省普通高校教师课堂教学竞赛三等奖。

刘蔚，2019年获湖南省普通高校教师课堂教学竞赛三等奖。

何宜荣，2019年获湖南省普通高校教师课堂教学竞赛三等奖。

叶利军、张晓芹、龙斌、王毅、秦伟明，2019年分别获湖南省高校"名师示范课"竞赛三等奖。

李小智、孟蕾、李婕、沈菁，2020年分别获湖南省普通高校教师课堂教学竞赛三等奖。

唐群、杨冬梅、魏科、钟欢、刘萍，2021年分别获"希沃杯"湖南省普通本科学校信息化教学竞赛三等奖。

逯晶、尹周安、程莉娟、尹勇，2021年分别获湖南省普通高校教师创新大赛暨首届全国高校教师教学创新大赛（湖南赛区）选拔赛三等奖。

孙相如，2021年获湖南省课程思政教学竞赛三等奖。

龙斌、王超，2021年分别获第三届湖南省高校思想政治理论课教学展示三等奖。

三、学校工会制度建设日趋完善

为了加强学校工会的规范化、科学化、制度化建设，根据党的建设总要求和学校改革、发展形势对工会工作的要求，湖南中医药大学工会根据国家相关法律法规、上级政策和相关规定，结合本校实际，制定了一系列规章制度，对当前和今后一个时期本校各级工会组织的工作具有指导性意见。这些制度的制定，集中了教职工群众的智慧，很多意见具有前瞻性、开创性，经过了学校工会委员会、学校党委的审定批准，是湖南中医药大学工会制度创新成果。

湖南中医药大学教职工代表大会实施细则

校工字〔2015〕2号

第一章　总则

第一条　为保障广大教职工的民主权利和合法利益，充分调动广大教职工的工作积极性和创造性，加强学校民主管理和民主监督，促进学校依法治校和完善现代大学制度建设。根据《中华人民共和国宪法》《中华人民共和国工会法》《学校教职工代表大会规定》（教育部32号令）《湖南省学校教职工代表大会规定》（湘教发〔2012〕82号）等法律法规，遵照《湖南中医药大学章程》，制定本实施细则。

第二条　本规定适用于学校各学院及各部门。

第三条　学校教职工代表大会（以下简称教代会）是学校民主管理的基本形式，是教职工依法参与民主决策、民主管理、民主监督的有效平台，是学校听取教职工的意见和建议的重要渠道。

第四条　教代会高举中国特色社会主义伟大旗帜，以马克思列宁主义、毛泽东思想、邓小平理论和"三个代表"重要思想、科学发展观和中国特色社会主义思想为指导，全面贯彻执行党的基本路线和教育方针，认真参与学校民主管理和监督。

第五条　教代会和教代会代表应当遵守国家法律法规，遵循教代会的规定，正确处理国家、学校集体和教职工的利益关系。

第六条　教代会在中共湖南中医药大学委员会的领导下开展工作。教代会的组织原则是民主集中制。

第二章 职权

第七条 教代会的职权是：

（一）听取学校章程草案的制定和修订情况报告，提出修改意见和建议；

（二）听取学校发展规划、教职工队伍建设、教育教学改革、校园建设以及其他重大改革和重大投资、重大问题解决方案的报告，提出意见和建议；

（三）听取学校年度工作、财务工作、工会工作报告以及其他专项工作报告，提出意见和建议；

（四）讨论通过学校提出的与教职工利益直接相关的福利、校内分配实施方案以及相应的教职工聘任、考核、惩处办法；

（五）审议学校上一届（次）教代会提案的办理情况报告；

（六）按照有关工作规定和安排评议学校领导干部；

（七）通过多种方式对学校工作提出意见和建议，监督学校章程、规章制度和决策的落实，提出整改意见和建议；

（八）讨论法律、法规、规章规定以及学校与学校工会商定的其他事项。教代会的意见和建议，以会议决议的方式作出。

第八条 学校应当建立健全沟通机制，全面听取教代会提出的意见和建议，并合理吸收采纳；不能吸收采纳的，应当做出说明。教代会要尊重和支持校长及行政系统行使职权，教育教职工严格遵守学校的各项规章制度，以主人翁姿态完成各项工作任务。

第三章 教代会代表

第九条 教代会代表必须具备以下基本条件：

（一）依法享有公民权，与学校签订了聘用合同、具有聘用关系；

（二）遵守国家的法律法规，遵守校纪校规；

（三）关心学校事业发展，爱岗敬业，办事公道，作风正派，身体健康；

（四）热心代表工作，密切联系群众，能如实反映教职工意见。

第十条　教代会代表以基层部门工会为单位，由教职工直接选举产生。

第十一条　教代会代表产生的程序：

（一）学校工会制定《教职工代表大会代表选举方案》，并征求意见；

（二）学校党委审定《教职工代表大会代表选举方案》；

（三）在同级党组织的领导下，以基层部门工会为选举单位，按照分配代表名额12%的比例，民主协商，推荐教代会代表候选人；

（四）选举单位召开教职工大会，采取差额选举的办法，以无记名投票方式选举产生教代会代表；

（五）代表资格审查；

（六）确定并公布代表名单。

第十二条　《教职工代表大会代表选举方案》包括代表人数、代表条件、组成比例、名额分配、选举办法等。

第十三条　学校教代会代表名额控制在全校教职工人数的10%左右，湖南省中医药研究院、第一附属医院、第二附属医院、附属中西医结合医院的代表名额控制在1%左右。

学校教代会代表应当具有广泛的代表性。教师、科研、教辅人员应占代表总数的60%以上，"双肩挑"人员计入教师代表范畴；女职工和青年职工代表占一定比例。

学校党委、行政、工会、团委主要负责人一般应列入教职工代表大会代表候选人名单，其名额按照分管工作部门或者联系的学院，分配到有关选举单位。分工会主席、处（部）、院、馆、公司主要负责人一般应列入候选人名单。

第十四条　选举单位的代表候选人推荐和代表选举工作，在所属党总支部（分党委）领导下进行。

教代会代表选举，代表候选人获得应到会人数过半数赞成票始得当选，并按得票多少确定当选人。

两名或者以上代表候选人获得相等赞成票，不能确定当选人时，按得反对票少的当选；如果反对票相等，可以就票数相等的候选人重新选举。

第十五条　由组织人事、纪检等部门负责人组成代表资格审查小组，对选举单位选举的教职工代表大会代表进行代表资格审查。

符合代表条件的，确认其代表资格；对不符合代表条件的，应取消其代表资格。

代表资格审查结果应当公开，并向本届教职工代表大会第一次会议预备会议报告。

第十六条　通过代表资格审查的代表名单由校工会予以公布。

第十七条　教代会代表享有以下权利：

（一）在教代会上享有选举权、被选举权和表决权；

（二）在教代会上充分发表意见和建议；

（三）提出提案并对提案办理情况进行询问和监督；

（四）就学校工作向学校领导和学校有关机构反映教职工的意见和要求；

（五）因履行职责受到压制、阻挠或者打击报复时，向有关部门提出申诉和控告。

第十八条　教代会代表应当履行以下义务：

（一）努力学习并认真执行党的路线方针政策、国家法律法规、党和国家关于教育改革发展的方针政策，不断提高思想政治素质和参与民主管理的能力；

（二）积极参加教职工代表大会的活动，认真宣传、贯彻教职工代表大会决议，完成教职工代表大会交给的任务；

（三）办事公正，为人正派，密切联系教职工群众，如实反映群众的意见和要求；

（四）及时向本部门教职工通报参加教职工代表大会活动和履行职责的情况，接受评议监督；

（五）自觉遵守学校的规章制度和职业道德，提高业务水平，努力做好本职工作。

第十九条　教代会代表实行任期制，每届任期五年，可以连选连任。

第二十条　教代会代表在任期内有以下情形的，其代表资格终止：

（一）退休的，其代表资格自退休之次日起终止；

（二）调离本校的，其代表资格自动终止；

（三）与学校解除聘任合同或者辞职的，其代表资格自解除聘任合同或者辞职生效之日起终止；

（四）本人辞去代表职务的，其代表资格自辞职生效之日起终止；

（五）因违法犯罪受到国家司法机关刑事处罚的，其代表资格自刑事处罚生效之日起终止。

发生前款第（一）至第（五）项情形，代表出现缺额的，由选举单位决定是否补选代表，并报学校工会。

决定补选代表的，按照第十三至十六条的规定，进行补选。

第二十一条　教代会代表在学校内部调动，其代表资格保留至本届届满，原选举单位的代表缺额不予增补。

第二十二条　本人辞去代表职务的，由本人向所在代表团提出书面申请，报教代会执行委员会备案。

第二十三条　教代会代表受选举单位教职工的监督。

第二十四条　教代会代表在任期内发生下列情形时，由选举单位予以罢免：

（一）被依法剥夺政治权利的；

（二）在学校年度考核被定为"不合格"等次的；

（三）因学术不端行为或者其他不当行为在社会上造成恶劣影响，严重损害了学校的声誉或合法权益的。

罢免教代会代表，由选举单位召开教职工大会，以应到会人数过半数通过罢免决议。

第二十五条　教代会代表在任期内发生下列情形时，由选举单位予以撤换：

（一）受到学校"记过"及以上等次行政处分，或者"严重警告"及以上等次党纪处分的；

（二）三次不经请假无故不参加代表会议；或因个人原因，两年或以上长期不能正常履行代表职责的。

撤换教代会代表，由选举单位召开教职工大会，以应到会人数过半数通过撤换决议。

第二十六条　因罢免和撤换造成教代会代表缺额的，按照缺额数和代表性进行补选。

补选工作必须经校工会研究同意后，按照选举程序进行补选。

第二十七条　教代会代表一般按照选举单位组成代表团。代表人数较少的选举单位，可以由二至三个选举单位联合组成代表团。代表团团长和副团长由本代表团代表民主协商、推选产生。

第四章　组织制度

第二十八条　有教职工 50 人以上的学院或部门，应当建立教代会制度；不足 50 人的学院或部门，建立由全体教职工直接参加的教职工大会制度。

第二十九条　学校教代会每年至少召开一次。遇有重大事项，经学校党委、行政、工会领导研究，或 1/3 以上教职工代表大会代表提议，可以临时召开教职工代表大会。

第三十条　教代会每五年为一届。期满应当进行换届选举。如遇特殊情况不能如期换届，征得多数代表同意可以延期，并报上级工会备案，但延期不能超过一年。

第三十一条　教代会须有 2/3 以上的教职工代表大会代表出席教代会。根据需要，可以邀请学校二级单位党、政主要负责人及少数学生代表作为列席代表，邀请区以上人大代表、政协委员、民主党派及离退休人员作为特邀代表参加会议。

特邀代表或列席代表在教代会上不具有选举权、被选举权和表决权。

第三十二条　湖南中医药大学教代会与工会会员代表大会合并召开。合并召开时，教代会代表兼任工会会员代表大会代表。但湖南省中医药研究院、第一附属医院、第二附属医院、附属中西医结合医院的教职工不受工会会员条件限制，所选代表只有教师代表身份。

第三十三条　教代会的议题，应当根据学校的中心工作、教职工的普遍要求，由学校工会提交学校研究确定，并提请教代会预备会议通过。

第三十四条　教代会的选举和表决，须经教代会代表总数半数以上通过方为有效。

教代会表决重大事项，必须有应到会代表三分之二以上通过方为有效。

第三十五条　教代会在教职工代表大会代表中推选人员，组成大会主席团，主持会议。

大会主席团应当由学校各方面人员组成，其中包括学校党委、行政、工会、团委主要领导，一线教师代表应占一定比例。

第三十六条　教代会成立专门委员会，在教代会闭会期间处理教代会的重大工作。

根据我校实际情况，组成若干个专门委员会，包括教学科研委员会、民主管理委员会、生活福利委员会、提案工作委员会、大病医疗基金管理委员会等。

第三十七条　教代会专门委员会的职责是：

（一）组织、监督教代会决议、决定的贯彻执行；

（二）检查、监督教代会专门工作小组的工作；

（三）研究处理或联系学校有关部门协商处理需要教代会审议决定的重要问题，其结果向下一次教职工代表大会报告。

第五章　工作机构

第三十八条　学校工会为教代会的工作机构，负责日常工作，并承担以下与教职工代表大会相关的工作职责：

（一）做好教代会的筹备工作和会务工作，组织选举教代会代表，征集和整理提案，提出会议议题、方案和主席团建议人选。

（二）教代会闭会期间，组织传达贯彻教职工代表大会精神，督促检查教代会决议、决定执行和提案的落实，组织各代表团（组）及专门委员会（工作小组）的活动，主持召开教职工代表团（组）长、专门委员会（工作小组）负责人联席会议。

（三）组织教代会代表的培训，接受和处理教代会代表的建议和申诉，维护教职工代表的合法权益。

（四）就学校民主管理工作向学校组织汇报，与学校沟通。

（五）完成教代会委托的其他任务。选举产生执行委员会的学院或部门，其执行委员会根据职工代表大会的授权，可承担前款有关职责。

第三十九条　学校应当为工会承担教代会机构的职责提供必要的工作条件和经费保障。

第六章　教职工代表大会提案

第四十条　教代会代表可以在规定的时限内，就学校教代会职权范围内的事项提出提案。

提案由一名教代会代表提出，并有两名及以上教代会代表联名。

提案应当一事一案。

教代会设立提案工作小组，处理教代会代表的提案。

第四十一条　提案的征集。

（一）教代会召开前一个月左右，工会发出征集提案通知。

（二）教代会代表在广泛听取教职工意见的基础上，撰写提案，提交提案表。

第四十二条　提案的审查。

（一）提案工作小组收到提案后，及时进行登记、分类、整理和审查。符合规定的，予以立案；填写提案处理表。

（二）重大提案应提交校工会委员会讨论，确需教代会讨论、决定的问题应列为大会议题。

（三）不符合规定的，不予立案，由提案工作小组转交有关单位处理，并由提案工作小组告知提案人，由处理单位答复提案人。

第四十三条 提案的办理。

（一）提案工作小组将提案处理表送交校长。校长召开有关会议，落实提案承办单位。

（二）提案承办单位制订提案办理或实施的方案，确定提案办理责任人和办毕时间。确因客观条件限制不能办理的，必须书面说明具体原因。

（三）分管校长审核提案承办单位的提案办理或实施方案。

（四）提案承办单位按实施方案进行落实。

第四十四条 提案的检查与督办。

（一）提案工作小组对提案的办理情况进行定期或不定期的检查、督促。

（二）提案承办单位应当向提案人书面反馈提案办理结果，并向提案工作小组报告。

（三）各单位承办教代会代表提案的情况，纳入学校绩效考核的内容。

（四）承办单位对承办的提案办理态度消极、故意拖延的，经提案人提出，由提案工作小组向承办单位发出提案催办通知。

经过通知催办仍未按期办结的，提案工作小组或者提案人可以在教代会下一次会议上，向承办单位主要负责人提出质询。承办单位主要负责人必须在会议上认真答复质询。

第四十五条 提案的反馈。

提案工作小组在教代会上报告本届（次）教代会提案征集情况和上届（次）教代会提案的办理情况。

第七章　附则

第四十六条 学校可以在其下属单位建立教代会制度，在该单位范围内实行民主管理和监督。

第四十七条　学院或部门应根据本实施细则，制定相应的教代会或者教职工大会的实施细则。

第四十八条　本实施细则自2015年6月6日起施行。2009年制定的《湖南中医药大学教职工代表大会条例实施细则》废止。

第四十九条　本实施细则由学校工会负责解释。

中国教育工会湖南中医药大学委员会
2015年6月6日

湖南中医药大学校务公开实施细则（修订）

校发〔2018〕15号

第一章　总则

第一条　为了进一步规范学校校务公开工作，推进民主建设、民主监督和党风廉政建设，实现校务公开工作的制度化、程序化、规范化，根据《教育部、中华全国总工会关于全面推进校务公开工作的意见》和湖南省教育厅、湖南省委教育工委、湖南省教育工会《关于印发〈湖南省学校校务公开工作规范（试行）〉的通知》等文件精神，结合我校实际，制定本细则。

第二条　校务公开就是通过多种形式和一定的程序将学校工作的重点、难点、教职工群众和社会关心的热点问题，除按规定必须保密的事项外，让教职工参与和了解，该向社会公开的向社会公开，努力做到政策公开、过程公开、结果公开。

第三条 校务公开坚持党的领导和群众路线，有利于党委领导下的校长负责制的实行和充分调动广大教职工的积极性。

第四条 校务公开要依法办事，要符合党和国家的方针、政策、法律和法规，有利于保证和维护全校师生员工的合法权益，推进学校的民主政治建设，提高办学效益，优化育人环境。

第五条 校务公开坚持党的实事求是的原则，做到真实诚信，防止随意性，注重实效，防止形式主义，有利于教职工群众参与和监督，有利于学校改革、发展和稳定。

第六条 校务公开要循序渐进、持之以恒，在实践中不断完善校务公开的工作制度，规范校务公开的程序，确保校务公开健康有序地进行。

第二章　校务公开的组织领导

第七条 学校校务公开实行"党委统一领导，学校行政主持，纪检监察、工会协调监督，业务部门各负其责，教职工群众积极参与"的领导体制和工作机制。

第八条 学校成立由党委书记或校长为组长，校领导、党委（学校）办公室、监察室、校工会、组织人事部、发展改革处、宣传统战部、教务处、科技处、计划财务处、学生工作部（处）、校团委、招生就业处、研究生院、保卫处（武装部）、资产与实验室管理处、基建处、审计处、后勤管理办公室（后勤服务总公司）、离退休工作处、科技开发公司等部门主要负责人为成员的校务公开工作领导小组。其主要职责是：

1.贯彻落实有关校务公开的政策和规定；
2.负责校务公开工作的督促、检查、考核；

3. 审定校务公开工作方案，听取行政关于校务公开工作汇报；

4. 决定校务公开新增内容、形式和范围；

5. 研究解决校务公开工作中的重大问题；

6. 对校务公开工作先进集体和个人进行表彰；

7. 每学期至少专题研究一次校务公开工作并向上一级校务公开工作领导小组和有关部门报告校务公开工作情况。

第九条　校务公开工作领导小组下设办公室，办公室设在校工会，由工会常务副主席任办公室主任，负责校务公开日常工作。办公室主要职责是：

1. 督促落实经校务公开工作领导小组审定的校务公开工作方案。

2. 与相关部门保持经常性联系，随时掌握校务公开工作实施情况。

3. 收到相关部门或者项目公开小组报送的校务公开实施情况反馈表和有关资料后，认真核实其公开情况是否全面客观、真实具体，公开时间和程序等是否符合规定。对不符合要求的应提出改进意见。意见不一致的，提交校务公开工作领导小组决定。对报送情况和核实材料进行整理，建立校务公开工作档案。

4. 了解、收集教职工对校务公开工作的意见和建议，并及时向相关部门反馈。

5. 发现、培养和推广校务公开工作先进典型。

6. 定期向校务公开工作领导小组报告校务公开工作情况。

7. 完成校务公开工作领导小组交办的其他工作。

第十条　学校行政是实施校务公开的主体，主要职责是：

1. 制定全年校务公开工作方案，报校务公开工作领导小组审定。

2. 制定校务公开目录，将校务公开的内容逐项落实到相关部门或者项目公开小组，责任到人，做到一事一公开和及时公开。把校务公开作为考核各单位年度工作内容。

3.各相关单位、项目公开小组应在公开事项公开后一周内将公开的内容、形式、时间、范围和有关文件、依据反馈给学校工会。

4.在校内宣传栏、橱窗、校园网设立固定的校务公开栏。

5.每年向教职工代表大会（简称"教代会"）报告一次校务公开工作情况。

6.为校务公开工作机构提供必要的工作条件和经费。

第三章　校务公开的内容

第十一条　根据不同内容在不同范围向校内公开的事项：

1.基本校情，包括学校改革、建设、发展中取得的成就、存在的问题和困难，以及采取的对策、措施等。

2.学校事业发展规划、年度工作计划、重大改革方案及其实施情况。

3.学校的财务管理，包括学校的年度财务预决算，各项经费特别是重大项目经费的使用、管理情况。

4.重大工程建设和维修项目的审批过程，资金来源，勘察、设计、施工、监理单位的选择，工程总造价，工程竣工后验收结果和决算等，以及大型设备、大量物品采购方案、招投标情况。

5.学校机构设置、人员编制情况和改革方案。

6.干部和教职工的聘任、考核、晋级、奖惩、职称评定等有关政策、程序及结果，主要包括：

（1）年度考核的要求、办法和结果；

（2）工资调整方案及实施情况；

（3）教职工奖惩办法及实施情况；

（4）评选校内先进集体和先进个人的事项、条件、程序；

（5）职务、职称评聘的名额、条件、操作程序和评聘结果，实行任前公示制度；

（6）公派留学生、出国进修、访问人员的选派条件、办理、程序和结果；

（7）校内外各类人员调动情况等。

7.与教职工切身利益有关的事项。如教职工购（建）房和房地产管理情况，依照国家的有关政策实行公开；医疗费、职工福利费的数额和使用情况，向教代会报告；住房公积金、养老金、医疗保险和其他社会保障基金的缴纳情况，由相关部门向当事人反馈；学校内部向教职工和家庭必要收费的根据、标准和收缴结果等。

8.其他需要公开的事项。

第十二条 以不同形式向社会公开的事项：

1.收费公开。对各类学生的收费项目、标准、依据、程序、时间和代收代办的项目，接收社会及公民个人捐赠款物的使用管理情况。

2.招生事务公开。学校的招生计划、程序、政策，考试的规程和纪律以及录取的结果。特长生的录取及实行情况。

3.学生管理制度公开：

（1）各类奖、贷、助学金的额度、申请发放办法及发放情况；

（2）学生转学、转专业、休学办法及实行情况；

（3）学生管理制度、办法及实行情况。

第四章 校务公开的形式

第十三条 教职工代表大会是学校民主管理和民主监督的基本组织形式和制度，是校务公开的基本形式。学校教代会每年至少召开一次会议，由校长报告学校工作和发展计划，有关部门报告教职工关心的有关情况。基层工会必须建立二级教代会制度，每年至少召开一次院级教代会。

　　第十四条　各种会议形式。学校领导和职能部门定期或不定期地举行情况发布会、通报会、座谈会，向校内各单位、团体和师生员工公开校务，听取意见和建议。

　　第十五条　各种公文形式。学校以各种文件、公告、通报、通知等形式公开校务。

　　第十六条　视听传播媒体。充分利用校报、校园网、短信、微信、广播电台、宣传橱窗、宣传资料和办事手册等公开校务。

　　第十七条　其他形式。通过设立校务公开公告栏、意见箱、校长信箱和电子信箱，实行校领导和部门负责人接待日，公布信访举报电话，监察室设立举报电话和信箱，建立新闻发布会制度等公开校务。

第五章　校务公开的时间

　　第十八条　改革发展规划、计划、决策、方案等在实施前公开；结果等总结性内容在事后公开；过程等临时性内容随时公开。

第六章　校务公开程序

　　第十九条　校务公开按以下程序进行：

　　1.提出。按本细则规定，由学校行政主管部门提出公开的内容和时间，报行政主管领导同意。

　　2.审查。由校务公开领导小组或其办事机构对准备公开的内容进行审查，报领导小组组长审定。

　　3.根据公开内容确定公开形式进行公开。

第七章　监督检查和责任追究

第二十条　学校监察室对校务公开工作的实施情况进行经常性的监督，并进行抽查。设立校务公开意见箱，听取教职工对校务公开工作的意见和建议，并及时反馈给相关部门。对公开工作不落实，教职工意见比较大的，应对责任人实行诫勉谈话，对拒不改正的，要给予党纪政纪处分。

第二十一条　学校工会组织教职工代表对校务公开工作情况进行检查和民主评议，每年不少于1次。检查结果纳入基层工会及相关单位绩效考核。

第二十二条　学校各单位校务公开工作接受校务公开工作领导小组的检查和督促。

第二十三条　各单位有下列情况之一的，主要领导和相关责任人不得被推荐为人大代表、政协委员、劳动模范和优秀教职工之家等的评选。情节严重的，该单位全面工作的达标和评估视为不合格。

1.拒不建立、实行校务公开制度；

2.进行虚假校务公开；

3.应当提交教代会公开的事项而不提交；

4.违反教代会决议和校务公开有关规定，导致矛盾激化，出现集体上访事件，影响学校和社会稳定；

5.打击报复检举人、控告人和在校务公开工作中依法履行职责的工作人员；

6.经教代会民主评议和民主测评，校务公开工作满意和基本满意率达不到70%以上；

7.其他严重违反校务公开工作有关规定。

第八章　校务公开的基本要求

第二十四条　校务公开工作事关学校的改革、发展和稳定大局，必须在党委和行政的统一领导下进行，校内各单位都要给予有力的支持和配合，按照校务公开目录（见附件）做好公开工作。校党委会每年研究校务公开工作至少一次，总结经验，指导工作，进一步推动校务公开工作健康有序地进行。

第二十五条　校务公开既要维护干部、教职工参与民主管理和民主监督的权利，又要维护学校领导依法治校的权利。

第二十六条　校务公开要处理好以下几个关系。

1.校务公开与教代会制度的关系：教代会制度是学校民主管理的基本形式，也是校务公开的基本形式和基本载体，是加强学校民主管理的一项重要举措，校务公开弥补了教代会闭会期间民主管理的不足。

2.校务公开与党内监督及其他监督的关系：校务公开是对学校已实行的财税、行政、法律和党内监督在制度上的完善、形式上的拓展，群众监督是各项监督的基础。

3.工会和行政、纪检监察部门的关系：工会是教代会的工作机构，涉及在教代会上公开的，可由工会负责组织，由行政部门公开；涉及学校廉政建设或领导干部廉洁自律方面的内容，由纪检监察部门负责组织公开；其他方面需公开的内容，由校务公开领导小组要求有关部门负责组织公开。

第二十七条　我校校务公开工作接受全校师生员工和各民主党派、社会团体、社会公众和舆论的监督。

第九章　附则

第二十八条　湘杏学院参照本细则执行。

第二十九条　本细则自发文之日起实行。

第三十条　本细则由校务公开工作领导小组负责解释。

中共湖南中医药大学委员会
2018年5月8日

附件：1.湖南中医药大学校务公开目录

　　　2.校务公开领导小组成员单位

附件1

湖南中医药大学校务公开目录

一、各单位须公开的内容

1.办公地点、时间、电话及传真、网址等。

2.单位简介、机构设置、科室职责、工作人员职责。

3.各项规章制度，办事流程。

4.单位、部门年度工作计划与总结。

二、具体责任部门及公开内容

1.党委（学校）办公室

学校办学指导思想、事业发展规划、重大改革方案、重大决策；学校年度工作计划与总结；主要规章制度；重大事项实施进展情况等；校领导履历及分工。

2.校工会

教代会重大问题讨论、审议过程及审议结果情况；职工医疗休养、捐助、帮困活动情况；教工活动、民主管理、工作信息、年度工作计划与工作总结等。

3.监察室

处级和处以上领导干部对廉洁自律规定的执行情况、廉政建设责任制和执行党纪、政纪情况；学校基建工程项目审计情况；查处的违规违纪情况。

4.组织人事部

干部任用，干部选任职数、条件、要求、结果；发展党员的政策、要求、程序；评优、评先名额、要求与结果；党费收缴、使用和管理；各种工资调整、补贴、奖金分配方案及重大奖励政策；教职工聘任、绩效考核、晋级、奖惩等有关政策程序及结果；教师培训情况；每年招聘岗位、条件及聘任结果；出国进修政策、程序和结果；专业技术职务聘任职数、评审办法，申报者材料以及评聘结果；"四金"缴纳、劳动保护和其他社会保障基金情况；教职工收入分配方案等涉及教职工切身利益的事项。

5.教务处

学校各类考试政策，学生成绩查询；专升本招生计划、政策、考试规定、录取结果；学生学籍管理政策（含转学、转专业、休学等）；各类教学成果奖评奖条件和结果；教改和教学评估情况；教学督导信息；教学评估指标、要求和结果；项目申报、审评结果及实施。

6.科技处

科研课题申报、立项、结题、科研成果获奖情况；学科建设情况；科研管理规章制度；项目申报、评审结果及实施。

7.计划财务处

学校财务预决算、收支情况；重大专项经费的使用情况、各类教育收费项目、标准、依据和程序；学生资助经费使用况；学生缴费情况。

8.学生工作部（处）

优秀学生评选政策、名额、结果；学生党员发展政策、要求、程序、结果；学生奖助学金、特困生补助等各类资助政策、评定和结果；勤工助学岗位招聘。

9.招生就业处

招生简章、招生计划、录取分数线、招生结果、学生毕业、就业工作政策，就业信息，学生就业该公示的其他事项。

10.校团委

学生会、社团联合会、协会干部任免；各类评先、选优、奖惩等涉及学生切身利益的情况；推荐、发展优秀团员入党。

志愿者选拔要求和结果；学生活动开展时间、地点、开展情况、获奖情况；各类竞赛项目申报、评审结果及实施情况；团费收缴等。

11.研究生院

研究生招生计划与政策、报名、复试、录取结果；硕士、博士学位点建设情况；硕士生导师、博士生导师情况介绍；研究生学籍管理、论文答辩与学位授予情况；研究生培养经费的使用情况；研究生的各类管理办法；研究生奖惩政策、程序和结果；研究生资助政策和结果；帮困工作情况。

12.二级学院

内部管理制度；经费使用情况；教职工评优、奖惩的政策、程序及结果；教师信息，专业介绍，本单位学科、专业发展规划及其他重要事项等；大学生评先、评优，奖、助、贷等；引进人才、教师调动情况；教学、科研课题申报和中标情况。

13. 国际教育学院

教职工申请因公出国出境审批程序；港澳台侨和留学生的收费标准；港澳台侨及留学生管理。

14. 保卫处（武装部）

校园保卫工作，学生户口办理，消防安全管理，学生军训安排，征兵管理。

15. 发展改革处

招标公告、中标公告、绩效考核方案及结果，学校相关管理制度、学校改革发展重大举措。

16. 资产与实验管理处

大宗办公用品、教学仪器、家具以及各类物品等实行招投标和实验室项目采购情况；房屋分配、租赁情况，相关管理制度。

17. 基建处

工程建设项目招投标情况，工程项目进展及审计情况等。

18. 后勤管理办公室（后勤服务总公司）

基建和维修、改造工程建设情况；各类物品实行招、投标和项目采购情况；水、电以及公共支出及管理情况；校园一卡通使用情况；食堂承包情况。

19. 科技开发公司

招标公告、中标通知；收费标准；门面、房屋租赁等。

20. 校医院

药品和医疗器械、医用耗材采购情况，医护人员聘用情况。

三、对未列入的公开内容，应按事项的轻重缓急进行公开；如部门事项暂时不能公开，或公开的时机不成熟，有关部门要说明情况。

附件2
校务公开领导小组成员单位

经党委研究决定,成立校务公开工作领导小组,校务公开工作领导小组岗位成员单位如下。

组长:校长

副组长:校工会主席、校纪委书记

办公室主任:校工会常务副主席

成员单位:校工会、党委(学校)办公室、组织人事部、宣传统战部、监察室、保卫处(武装部)、发展改革处、学生工作部(处)、招生就业处、审计处、计划财务处、教务处、科技处、资产与实验室管理处、离退休工作处、基建处、后勤管理办公室(后勤服务总公司)、校团委、研究生院、科技开发公司。

成员由以上成员单位主持日常工作的第一负责人担任,在任期内履行相应职责,成员名单按年度公布。

湖南中医药大学分工会工作目标管理考核评分细则(试行)

校工字〔2018〕4号

各分工会:

《湖南中医药大学分工会工作目标管理考核评分细则(试行)》已经审议通过,现予以印发,请遵照执行。

中国教育工会湖南中医药大学委员会
2018年4月1日

第七章 湖南中医药大学工会工作成效与体会

湖南中医药大学分工会工作目标管理考核评分细则（试行）

被考核分工会：

考核项目	考核内容	分值	评分细则	自评得分	考评得分
领导重视与支持 17分	1. 二级分工会所在党委（党总支）每年听取工会工作汇报不少于两次，有专门的工会工作会议记录本，专题研究和解决工会工作中的重要问题	8	查看会议记录，未听取汇报和研究解决问题每少一次扣4分		
	2. 二级分工会主席的配备或变动征得上级工会同意；工会主席或主持工作的副主席缺时间不超过半年	5	主席配备或变动未征求上级工会意见扣2分；主席或主持工作副主席空缺半年以上扣1分		
	3. 党政工联席会议形成制度，党政领导积极参加工会组织的活动	4	未形成制度扣2分；未参加活动扣2分		
教育与民主管理 38分	4. 建立了二级教代会制度，召开了二级教职工大会，主题鲜明，资料齐全	8	无制度或制度不切实际扣4分；未召开教代会扣4分		
	5. 二级分工会改革发展重大事项和涉及教职工切身利益的事项提交教代会审议通过	6	重大事项和涉及教职工切身利益事项未提交教代会审议扣4分；涉及侵犯教职工知情权有投诉的扣2分		
	6. 组织教职工代表对院级领导或中层领导干部进行民主评议	3	未评议的扣3分		
	7. 成立了院务公开领导机构，并且有专门的研究会议，开展了相关工作	5	未成立领导机构扣1分；未召开专门会议研究扣2分；未开展相关工作扣2分		

181

续表

考核项目	考核内容	分值	评分细则	自评得分	考评得分
教育与民主管理 38分	8. 利用网站及时公开及公开重点项目，包括重大改革、干部管理、人事管理、招生考试、学生管理、招标采购、财务管理等项目	4	未建立院务公开栏扣2分；未公开重点项目扣2分		
	9. 及时上报院务公开年度报告及反馈表	6	未按时上报年度报告和反馈表扣6分		
	10. 积极开展以"三育人"为主题的技能竞赛等活动，积极开展师德师风教育，全年不少于1次	10	未开展技能竞赛扣5分；未开展师德师风教育扣5分		
	11. 积极开展病、丧、困、生育教职工慰问活动	6	所在分工会有一次负面反映扣6分；未开展慰问活动不计分		
	12. 协助校工会定期组织教职工进行健康检查，为教职工办理大病医疗及省总工会医疗、意外伤害等保险，为女教职工办理"两癌"保险	3	所在分工会有一次反映政策未传达到位，经落实后扣3分		
为教工办实事 25分	13. 积极参加校工会组织的教职工文体活动	4	未参加校工会组织的文体活动一次扣4分		
	14. 充分发挥女教职工作用，积极参加校女工委组织的女职工活动	2	未参加校女工委组织的活动扣2分		
	15. 积极组织开展二级分工会教职工文体活动，营造良好的校园文化氛围，全年开展文体活动不少于2次	4	每少组织一次扣2分		
	16. 关心女教职工身心健康，维护女教职工合法权益，全年开展女职工活动不少于1次	2	未组织女职工活动扣2分		

续表

考核项目	考核内容	分值	评分细则	自评得分	考评得分
工会自身建设20分	17. 二级分工会委员会机构健全，分工会委员职责明确	6	组织机构不健全扣3分，委员职责不明确扣3分		
	18. 按时向校工会准确上报各种资料和报表	6	未按时上报相关资料、报表每次扣2分		
	19. 建立健全工会工作制度，财务管理制度；收好、管好、用好工会经费	4	未建立制度每项扣1分；经费管理使用不规范、无使用方案每次扣1分		
	20. 积极开展"教职工小家"建设活动，领导重视，党政工共建	4	未经过学校或上级工会验收的"教职工小家"不计分		
加分	21. 当年所在单位荣获全国"五一劳动奖状"和"工人先锋号"，省"五一劳动奖状"、省"工人先锋号"等荣誉称号；单位教职工荣获省部级以上劳模（先进工作者）、全国优秀教书育人楷模、全国职业道德楷模、标兵，省级劳动模范，省"五一劳动奖章"，省优秀教师和教育工作者，省职业道德楷模、标兵，优秀教师，教育工作者和优秀科技工作者等荣誉称号		全国"工人先锋号"、全国"五一劳动奖状"、省"工人先锋号"均加4分，省"五一劳动奖章"均加3分；全国劳模、全国教书育人和职业道德楷模及标兵、全国优秀科技工作者均加3分，省级劳动模范、省"五一劳动奖章"、省优秀教师和教育工作者，省职业道德楷模、标兵和省优秀科技工作者均加2分		
	22. 工会工作当年获得上级工会表彰荣誉		全国模范职工小家加4分，省部级模范职工小家加3分，省模范教职工小家和省级以上先进工会组织加2分，其他单项荣誉加1分		

续表

考核项目	考核内容	分值	评分细则	自评得分	考评得分
加分	23. 工会干部当年获得上级工会表彰荣誉		全国优秀工会工作者加3分，湖南省和全国教科文卫体系统优秀工会工作者加2分，省教育工会优秀工会工作者和其他荣誉加1分		
	24. 重视工会调研工作，有调研报告或理论文章		在国家级报刊发表工会调研报告或理论文章的按每篇4分加分，在省级及以上公开刊物发表工会调研报告或理论文章的按每篇2分加分		
合计	考核内容共5项24条		扣分合计：　　　加分合计：		

考评人签名：　　　　　　　　　　考评日期：　　年　　月　　日

注：1. 考核评分除有说明的以外，均以记录和相关资料及统计为准。
2. 本评分将按照基础分（90%）、加分（10%）折算为本单位的年终绩效考评分。
3. 凡未建立二级教职工（代表大会）制度，工会干部违法违纪被立案处理，工会工作出现严重失误和单位出现重大事故的，不能评为年度工会工作目标管理先进单位。

湖南中医药大学工会委员联系分工会制度

校工字〔2021〕8号

各分工会：

为充分发挥工会的桥梁和纽带作用，进一步加强学校工会委员同分工会的联系，维护好、服务好教职工，经学校工会委员会研究，决定建立工会委员会委员联系分工会制度，规定如下：

×××同志联系机关分工会、体育艺术学院分工会；×××同志联系人文与管理学院分工会、研究生院分工会、后勤处分工会；×××同志联系湘杏学院分工会、护理学院分工会、图书馆分工会；×××同志联系校医院分工会；×××同志联系科技创新中心分工会、资产经营有限公司分工会；×××同志联系针灸推拿与康复学院分工会；×××同志联系继续教育学院分工会、离退休处分工会；×××同志联系中西医结合学院分工会；×××同志联系中医学院分工会；×××同志联系马克思主义学院分工会；×××同志联系国际教育学院分工会；×××同志联系药学院分工会；×××同志、×××同志联系医学院分工会；×××同志联系信息科学与工程学院分工会。

附件：湖南中医药大学工会委员会职责

中国教育工会湖南中医药大学委员会

2021年10月26日

附件：

湖南中医药大学工会委员会职责

1.学校工会在学校党委和上级工会组织的领导下，认真贯彻落实《工会法》，按照《中国工会章程》开展各项工作，依法行使权利和履行义务。

2.组织教职工深入学习马克思列宁主义、毛泽东思想、邓小平理论、"三个代表"重要思想、科学发展观和习近平新时代中国特色社会主义思想，贯彻执行党的路线方针政策，提高教职工的综合素质，使之努力成为党和人民满意的"四有"好教师。

3.围绕学校的中心工作和上级工会组织的部署，深入细致地做好教职工的思想政治工作，培育和践行社会主义核心价值观，调动广大教职工参与教育领域综合改革等各项工作的积极性、主动性和创造性。

4.充分发挥工会自身优势和作用，认真履行工会的各项职能，扎实做好服务教职工的工作，实现好、维护好、发展好广大教职工的合法权益，强化困难教职工的帮扶工作，维护女教职工的特殊权益。

5.组织教职工开展丰富多彩的业余文化体育活动，丰富教职工的业余生活，满足教职工的精神文化需求。

6.搞好工会组织建设，加强和改进工会自身建设，提高工会服务广大教职工的能力和水平。

7.收好、管好、用好工会经费，努力完成同级党组织和上级工会交办的其他任务。

湖南中医药大学工会经费收支管理实施细则

校工字〔2021〕4号

为加强学校工会财务收支管理，进一步规范工会经费使用，更好地服务教职工，根据《中华人民共和国工会法》《中国工会章程》《工会会计制度》《工会预算管理办法》及《中华全国总工会办公厅关于印发〈基层工会经费收支管理办法〉的通知》（总办发〔2017〕32号）及《湖南省总工会关于印发〈湖南省基层工会经费收支管理实施细则〉的通知》（湘工发〔2018〕20号）等规定，结合学校工会实际，制定本细则。

一、工会经费收支管理原则

（一）遵纪守法原则。严格遵守党纪国法，严肃财经纪律，依法组织各项收入，严格工会经费使用，加强工会经费收支管理。

（二）经费独立原则。依据有关规定取得工会法人资格，设立工会经费银行账户，实行工会经费独立核算。

（三）预算管理原则。按照《工会预算管理办法》的要求，将单位各项收支全部纳入预算管理。

（四）服务职工原则。坚持工会经费正确的使用方向，将更多的工会经费用于为职工服务和开展工会活动，维护职工的合法权益。

（五）勤俭节约原则。按照党中央、国务院、省委、省政府关于厉行勤俭节约、反对奢侈浪费的有关规定，严格控制工会经费开支范围和开支标准，少花钱多办事，节约开支，提高工会经费使用效益。

（六）民主管理原则。依靠会员管好用好工会经费，建立经费收支信息公开制度，主动接受监督。

二、工会经费收入

工会经费收入范围包括：

（一）会费收入。会费收入是指工会会员依照全国总工会规定按本人工资收入（职务工资和等级工资）的5‰向学校工会缴纳的会费。

（二）拨缴经费收入。拨缴经费收入是指学校按全部职工工资总额2%依法向学校工会拨缴的经费中60%的留成部分。

（三）上级工会补助收入。上级工会补助收入是指学校工会收到的上级工会拨付的各类补助款项。

（四）行政补助收入。行政补助收入是指学校依法对学校工会给予的各项经费补助。

（五）事业收入。事业收入是指学校工会独立核算的所属事业单位上缴的收入和非独立核算的附属事业单位的各项事业收入。

（六）投资收益。投资收益是指学校工会依据相关规定对外投资取得的收益。

（七）其他收入。其他收入是指学校工会取得的资产盘盈、固定资产处置净收入、接受捐赠收入和利息收入等。

三、工会经费支出

工会经费执行收支两条线，学校工会统筹管理使用。工会经费主要用于为职工服务和开展工会活动。工会经费支出范围包括：

（一）职工活动支出。职工活动支出是指工会组织开展职工教育、文体、宣传等活动所发生的支出和工会组织的职工集体福利支出。包括：

1.职工教育支出。学校工会用于举办政治、经济、法律、科技、业务、文体等专题培训和职工技能培训所需的教材资料、教学用品、场地租金等方面的支出，用于支付职工教育活动聘请授课人员的酬金，用于学校工会组织的职工素质提升补助和职工教育培训优秀学员的奖励。

优秀学员奖励标准：奖励人数不超过参训人数的15%，给予物质奖励的每人不超过300元。聘请授课人员酬金支付标准按照学校财务规定执行。

2.文体活动支出。工会用于开展或参加上级工会组织的职工业余文体活动所需器材、服装、用品等购置、租赁与维修方面的支出以及活动场地、交通工具的租金支出等，用于文体活动优胜者的奖励支出，用于文体活动中必要的伙食补助费。

文体活动奖励应以精神鼓励为主、物质激励为辅。同一种文体活动每年可组织开展一次比赛，奖励范围不得超过参与人数的三分之二。学校工会组织的比赛活动，个人项目最高奖奖金（奖品）不超过800元，团体项目最高奖奖金（奖品）人均不超过500元；分工会组织的比赛活动，个人项目最高奖奖金（奖品）不超过400元，团体项目最高奖奖金（奖品）人均不超过200元；未设奖项的，可为参加人员发放少量纪念品，纪念品价值人均不超过100元。本单位教职工受学校工会委托参加上级工会组织的比赛活动，在上级工会没有发放物质奖励和纪念品的情况下，可申请由学校工会给予适当物质奖励或纪念品。

参加具有运动伤害风险的体育比赛，可为比赛运动员购买意外伤害保险。

工会在本城区内开展文体比赛活动的，因比赛活动开展的特殊需要，可安排工作餐，用餐标准：每人每天不超过100元（早餐不超过20元，中餐、晚餐各不超过40元）。

严格控制文体活动服装购置开支。

举办文体比赛活动期间（文件通知下发之日起至文体比赛活动结束之日止），需聘请导演、教练、裁判员、评委等工作人员劳务费支付标准：导演、教练、裁判员、评委等每半天不超过400元，其他工作人员每半天不超过100元，本单位人员除外。鼓励工会在本工作单位组织开展职工春节联欢会，可参照不设置奖项的职工文体活动为每位参加人员发放不超过100元的纪念品。春节联欢会产生的瓜果零食费和用餐费不得在工会经费中报销。

工会可组织会员观看电影、文艺汇演和体育比赛等。观看电影每季度可一至二次，购发电影票券每人每年不超过200元。不可组织观看营利性、商业性文艺演出和体育比赛。

工会可组织会员春游、秋游活动，每年各一次，应当日往返。不得到有关职能部门明令禁止的风景名胜区开展春游、秋游活动。春游、秋游活动可安排工作餐，开支交通费、门票费等，开支标准：每人每天不超过200元，其中每人每天用餐不超过100元（早餐不超过20元，中餐、晚餐各不超过40元，瓜果零食支出在餐费总量中控制）。

3.宣传活动支出。学校工会用于开展重点工作、重大主题和重大节日宣传活动所需的材料消耗、场地租金、购买服务等方面的支出，用于培育和践行社会主义核心价值观，弘扬劳模精神和工匠精神等经常性宣传活动方面的支出，用于开展或参加上级工会举办的知识竞赛、宣讲、演讲比赛、展览等宣传活动支出。

4.职工集体福利支出。学校工会用于逢年过节和会员生日、婚丧嫁娶、生老病退的慰问支出等。

遇国家法定节日，学校工会向全体会员发放节日慰问品。国家法定节日是指元旦、春节、清明节、劳动节、端午节、中秋节和国庆节,每人每年不超过2100元,其他节日学校工会不普发慰问品。

遇工会会员生日,学校工会发放不超过300元的生日蛋糕等实物慰问品,或发放指定蛋糕店的蛋糕券。

遇会员婚丧嫁娶、生老病退,学校工会按规定给予相应慰问费,由分工会组织慰问,所产生的慰问费由分工会委员履行相关审批程序后到学校工会财务报销,慰问标准如下:

会员结婚、生育时,可给予不超过1000元的慰问品;

会员生病住院时,可给予不超过1000元的慰问金(一年内多次住院的限慰问一次);

会员去世时,可给予不超过2000元的慰问金;其配偶、父母、配偶父母、子女去世,可给予不超过1000元的慰问金;去世慰问产生的花圈、鞭炮等费用可另计,支出标准控制在200元以内;

会员退休离岗时,可以工会小组为单位召开座谈会予以欢送,同时可发放不超过1000元的纪念品,纪念品应有一定的保存收藏价值;座谈会产生的瓜果零食费和用餐费不得在工会经费中报销。

上述慰问标准随上级规定的变动而变动。

5.其他活动支出。学校工会用于组织开展的劳动模范和先进职工疗休养补贴等其他活动支出,按照《湖南省基层工会经费收支管理实施细则》(湘工发〔2018〕20号)文件执行。

(二)维权支出。维权支出是指学校工会用于维护职工权益的支出。

1.劳动关系协调费。用于推进劳动关系和谐、加强劳动争议调解和队伍建设、开展劳动合同咨询活动、集体合同示范文本印制与推广等方面的支出。

2.劳动保护费。用于开展群众性安全生产和职业病防治活动、加强队伍建设、开展职工心理健康维护等促进安全健康生产、保护职工生命安全为宗旨开展职工劳动保护发生的支出等。

3.法律援助费。用于向职工群众开展法治宣传、提供法律咨询、法律服务等发生的支出。

4.困难职工帮扶费。用于对困难职工提供资金和物质帮助等发生的支出。

5.送温暖费。用于开展春送岗位、夏送清凉、金秋助学和冬送温暖等活动发生的支出。在高温、寒冷等情况下，学校工会可开展对一线职工的慰问活动，购买防暑降温、防寒保暖等物资。每年限两次，标准为每人每次不超过300元。

6.其他维权支出。用于补助职工和会员参加互助互济保障活动等其他方面的维权支出。

（三）业务支出。业务支出是指学校工会培训工会干部、加强自身建设以及开展业务工作发生的各项支出。

1.培训费。用于开展工会干部和积极分子培训发生的支出。开支范围和标准按照学校财务规定执行。

2.会议费。用于工会会员大会或会员代表大会、委员会、常委会、经费审查委员会以及其他专业工作会议的各项支出。开支范围和标准按照学校财务规定执行。

3.专项业务费。用于开展工会组织建设、建家活动、劳模和工匠人才创新工作室、职工创新工作室等创建活动发生的支出，用于开办图书馆、阅览室和职工书屋等职工文体活动阵地所发生的支出，用于开展专题调研所发生的支出，用于开展女职工工作性支出，用于开展外事活动方面的支出，用于组织开展合理化建议、技术革新、发明创造、岗位练兵、技术比武、技术培训等劳动和技能竞赛活动支出及其奖励支出。

学校工会组织的劳动和技能竞赛活动的奖励标准为：一等奖不超过2000元，二等奖不超过1000元，三等奖不超过600元，奖励范围不超过参与人数的三分之一。

4.其他业务支出。用于发放兼职工会干部和专职社会化工会工作者补贴，用于经上级批准评选表彰的先进分工会、优秀工会干部和积极分子的奖励支出，用于必要的办公费、差旅费，用于支付代理记账、中介机构审计等购买服务方面的支出。

学校工会表彰先进分工会数不得超过分工会总数的30%，每个先进分工会奖金（奖品）最高不超过5000元；表彰优秀工会干部人数不得超过工会干部总人数的15%，表彰优秀工会积极分子人数不得超过会员总人数的15%，每人奖金（奖品）最高不超过500元。

差旅费、市内交通费、公务接待费开支范围和标准按照学校财务规定执行。

（四）资本性支出。资本性支出是指学校工会从事工会建设工程、设备工具购置、大型修缮和信息网络购建而发生的支出。

（五）事业支出。事业支出是指学校工会对独立核算的附属事业单位的补助和非独立核算的附属事业单位的各项支出。

（六）其他支出。其他支出是指学校工会除上述支出以外的其他各项支出。包括：资产盘亏、固定资产处置净损失、捐赠、赞助等。

四、财务管理

（一）学校工会主席对学校工会会计工作和会计资料的真实性、完整性负责。各项收支实行工会委员会集体领导下的主席负责制，重大收支须集体研究决定。

（二）学校工会经费年度收支预算（含调整预算）需经工会委员

会讨论通过和工会经费审查委员会审查同意，并报上级主管工会批准。严禁无预算、超预算使用工会经费。年度预算调整原则上一年不超过一次。学校工会应定期向工会委员会和经费审查委员会报告预算执行情况。学校工会经费年度财务决算需报上级工会。

（三）学校工会于每年年初根据上年度工会会员数，按照会员400元/人/年的标准核定分工会文体活动经费。分工会文体活动经费年底清零，不可结转。分工会文体活动经费用于分工会开展文体活动，分工会文体活动主要包括春游、秋游、文体比赛活动、女职工活动、观看电影、观看非营利性非商业性文艺演出及体育比赛、职工春节联欢会、知识竞赛、演讲比赛等文化、体育、娱乐活动。

（四）借款管理。借款按"前账未清、后账不借"的原则办理，借款人在借款时填写《湖南中医药大学借款单》，借款单上需借款人、证明人、工会会计、校工会常务副主席签字。借款人原则上应自借款之日起3个月（90天）内办理报销或归还手续。

（五）报销管理

1.报销必须提供真实、合法的原始凭证

在开展业务活动或消费时，必须严格按照业务活动或消费内容索取发票，发票必须具有税务机关统一印制的发票监制章，加盖开票单位发票专用章；行政事业单位往来结算收据必须有财政部门统一印制的收据监制章，加盖开票单位财务专用章。

虚假发票不得作为有效凭证入账。

2.报销票据应具备的基本内容

（1）付款单位名称，应填写为"中国教育工会湖南中医药大学委员会"，不得开具个人抬头发票；

（2）报销票据上的发票专用章、财务专用章名称与收款单位名称必须一致；

（3）日期、金额填写应准确无误，大小写金额必须相符；

（4）购买实物的发票需载明具体品名、数量、单价和金额等；

（5）报销票据不得涂改、挖补，否则一律视为废票不予办理。

3.报销签字要求

报销票据一般需要经办人、证明人（验收人或审核人）、审批人三人或以上人员签字。主要报销事项签字要求如下。

（1）慰问费：经办人签字、分工会福利委员签字、分工会主席签字、校工会常务副主席签字。

（2）学校工会活动费：经办人签字、证明人签字、校工会常务副主席签字。

（3）分工会活动费：经办人签字、分工会主席签字、校工会常务副主席签字。

（4）文体协会活动费：经办人签字、协会负责人签字、校工会常务副主席签字。

（5）单张票据金额超过10000元，还须由校工会主席审批签字。

4.报销所需附件材料

（1）单张金额超过1000元且已由职工垫付款项的发票，需附支付凭证，支付凭证收款单位名称一般应与发票销售方名称保持一致，支付凭证金额一般应与发票金额保持一致。

（2）结婚慰问需提供慰问品发票和"结婚证"复印件；生育慰问需提供慰问品发票和"婴儿出生证明"复印件；生病住院慰问需填写《湖南中医药大学领款单》，同时提供"出院记录"复印件；退休慰问需提供纪念品发票、"退休通知"或"退休证"复印件；职工本人或亲属去世慰问需填写《湖南中医药大学领款单》。

（3）活动项目费用报销需提供具体方案、文件通知、参与人员名单、活动照片等，方案须列明经费预算并经分工会主席或协会负责人审签、学校工会预审。分工会开展活动项目填写《湖南中医药大学分工会开展会员活动登记表》（见附件1）；文体协会开展活动项目填写《湖南中医药大学教职工文体协会开展活动登记表》（见附件2）。

（4）发放奖励、补助、活动纪念品、蛋糕券、入场券、福利物资等需提供签领表；劳务费发放需提供文字报告说明；送温暖慰问需提供《送温暖（资金）慰问实名制汇总表》（见附件3）或《送温暖（物资）慰问实名制汇总表》（见附件4）等。

（5）活动用餐报销需提供用餐人员名单、菜单等。

（6）差旅费报销需提供旅差费报销单、《湖南中医药大学工会公务出差审批单》（见附件5）、相关文件通知等。

（7）会议费报销需提供会议方案、会议通知、参会人员签到册等；培训费报销需提供培训方案、培训通知、培训人员签到册等。

（8）固定资产购置需提供《湖南中医药大学工会固定资产（设备）入账单》（见附件6）等。

（9）大额物资采购需提供集体研究的会议纪要或招投标文件、采购合同等。

（10）重大项目开支需提供集体研究的会议纪要等。

（11）未尽事宜按照上级部门和学校财务规定执行。

5.发票原则上须当年报销，特殊情况的，应于次年3月31日之前报销完毕。职工本人及亲属去世、职工生病住院、职工退休，须于事项发生之日起1个月（30天）内由分工会组织慰问并报销慰问费，寒暑假发生的上述慰问费须于下学期开学1个月（30天）内报销完毕；职工结婚慰问费与生育慰问费须于事项发生之日起6个月（180天）内报销完毕。

6.单笔付款额超过5000元须对公转账支付。

7.外来原始凭证遗失的，一般不予报销，特殊情况需报销的，须向出票单位取得存根联或记账联复印件，加盖出票单位财务专用章或发票专用章，由经办人书面说明，按费用支出的相关程序签字审批完成后方可报销。

五、本细则自发布之日起实行。未尽事宜，按照上级部门和校财务规定执行。

六、本细则由湖南中医药大学工会负责解释。

中国教育工会湖南中医药大学委员会
2021年5月7日

附件：1.湖南中医药大学分工会开展会员活动登记表
 2.湖南中医药大学教职工文体协会开展活动登记表
 3.送温暖（资金）慰问实名制汇总表
 4.送温暖（物资）慰问实名制汇总表
 5.湖南中医药大学工会公务出差审批单
 6.湖南中医药大学工会固定资产（设备）入账单

附件 1

湖南中医药大学分工会开展会员活动登记表

填报日期： 年 月 日

活动组织单位（公章）	
活动日期： 年 月 日	活动地点：
活动内容：	
参加活动的会员签名	
费用合计： 万 仟佰 拾 元 角 分（￥ ）	

经办人签字：　　　　　　　分工会主席签字：

附件2

湖南中医药大学教职工文体协会开展活动登记表

填报日期：　　年　月　日

活动组织单位（公章）	
活动日期：　　年　月　日	活动地点：
活动内容：	
参加活动的会员签名	
费用合计：　　万　仟佰　拾　元　角　分（¥　　）	

经办人签字：　　　　　协会负责人签字：

附件3

湖南中医药大学工会送温暖（资金）慰问实名制汇总表

填报单位（公章）：　　　填表人：　　　联系电话：　　　年　月　日

序号	姓名	性别	身份证号	工作单位或家庭住址	慰问原因	慰问金额（元）	联系电话	开户行	银行账户	签字

审批人签字：　　　　　审核人/证明人签字：　　　　　经办人签字：

附件4

湖南中医药大学工会送温暖（物资）慰问实名制汇总表

填报单位（公章）：　　　　填表人：　　　　联系电话：　　　　年　月　日

序号	姓名	性别	身份证号	工作单位或家庭住址	慰问原因	慰问物资类型	折合金额（元）	联系电话	签字

审批人签字：　　　　审核人/证明人签字：　　　　经办人签字：

附件5

湖南中医药大学工会公务出差审批单

填报日期： 年 月 日 编号：

出差人		共 人
出差日期	自 年 月 日起至 年 月 日止（共计： 天）	
出差地点		
出差事由		
拟乘交通工具	□飞机　　　□火车　　　□汽车　　　□轮船 □其他	
派车情况	是否需要派车： □是　　□否	车牌号码： 驾驶员：
领导审批		经办人

附件6

湖南中医药大学工会固定资产（设备）入账单

使用单位：　　　　　　　　　　　　制单日期：

资产名称			资产编号	
资产大类		数量	教育分类	
品牌/型号		单价（元）	取得日期	
规格		金额（元）	使用方向	
发票号		供货商	使用人	
存放地		合同号	折旧方式	
厂家		备注		

工会财务联

领用人：　　　　　　　　　　　　审核人：

湖南中医药大学工会固定资产（设备）入账单

使用单位：　　　　　　　　　　　　制单日期：

资产名称			资产编号	
资产大类		数量	教育分类	
品牌/型号		单价（元）	取得日期	
规格		金额（元）	使用方向	
发票号		供货商	使用人	
存放地		合同号	折旧方式	
厂家		备注		

校工会联

领用人：　　　　　　　　　　　　审核人：

湖南中医药大学教职工文体协会管理办法

校工字〔2021〕11号

第一章 总 则

第一条 为了丰富、活跃教职工的业余文化生活，促进全民健身活动的开展，营造和谐校园文化氛围，规范教职工协会的活动，依据《中华人民共和国工会法》及《社会团体登记管理条例》等法律法规和规范性文件内容，制定本办法。

第二条 湖南中医药大学教职工文体协会是指在文学、艺术、体育等方面有共同兴趣和爱好的校本部工会会员，自愿组织在一起报校工会批准成立的群众性活动团体的总称。根据活动内容不同，设若干协会（以下简称"各协会"）。

第三条 各协会工作原则

1.接受校工会的领导与管理。

2.协助校工会开展校内外相关的文体活动。

3.必须在国家的法律、法规和学校规章制度的范围内开展活动。

4.坚持业余、自愿的原则。自愿参加、自我管理、自我服务、自担风险、自负其责。

5.各协会在校工会批准后，制定内部规章，可自备标志，但不得刻制任何公章。

6.以协会名义在校内外开展活动，需校工会批准或报备。不得损害学校的利益和声誉。

第二章 管理部门

第四条 校工会是各协会的管理部门，履行对协会的管理和服务职能，其主要职责：

1.审查并批准新的教职工协会成立；

2.决定教职工协会活动的支持经费和专项经费；

3.监督审查教职工协会活动经费使用情况；

4.对协会开展工作情况进行监督、检查和评比。

第五条 校工会委托文体工作委员会指导各协会工作，其主要职责：

1.指导教职工各协会的工作；

2.根据校工会和各协会的年度工作计划制定工作方案并督促执行；

3.协助各协会开展各类活动；

4.其他与各协会相关的工作。

第三章　各协会的成立、换届、变更和注销

第六条 协会成立

1.成立筹备组。由发起人（3人以上）组成筹备组。

2.确定协会名称。协会名称要突出专业性。

3.发动教职工入会。申请入会会员30人以上。

4.起草制定协会章程并报校工会审核。协会章程内容包括：

（1）协会名称、宗旨、活动范围和活动方式；

（2）协会成员资格及其权利、义务；

（3）组织管理制度、执行机构的产生程序及权限；

（4）财务管理、经费使用的原则；

（5）负责人的条件、权限和产生、罢免的程序；

（6）章程的修改和协会终止的程序；

（7）应当由章程规定的其他事项。

5.校工会审核批准后即可召开会员大会。通过章程，民主选举理事会，产生会长、副会长、秘书及理事。

6.向校工会申请成立协会。材料包括《湖南中医药大学××协会章程》、《湖南中医药大学教职工协会登记表》(附件1)、《湖南中医药大学教职工协会会员花名册》(附件2)。

第七条 协会换届

协会理事会三年一届,可连任。前任负责人在全面总结和征求会员意见的基础上经民主协商产生新的协会理事会成员名单,由前任会长、秘书和现任会长、秘书签字上报校工会审批备案,完成改选。

第八条 协会的变更与注销

1.协会的登记备案、修改章程等事项需要变更的,需向校工会申请变更登记和备案。

2.教职工协会有下列情形之一的,应当注销登记:

(1)会员大会决议解散;

(2)分离或合并;

(3)违反宪法、法律和校纪校规的;

(4)三年内未开展任何活动;

(5)因其他原因需要终止的。

3.协会的注销,由校工会以公告形式宣布。

第四章　各协会的会员及组织机构

第九条 会员入会条件

1.遵守国家法律、法规和学校的有关规章制度。

2.校本部工会会员,身体健康,能正常参加协会活动。

3.具有某一方面特长或爱好,承认协会章程。

4.本人自愿申请,经协会审核批准,即可成为会员。

第十条 会员权利

1.在所在协会内有选举权、被选举权与表决权。

2.对所在协会的工作及其负责人有监督、批评和建议权,有向校工会反映所在协会情况的权利。

3.有权参加所在协会的各项活动,享受所在协会的各种待遇和奖励。

4.入会自愿,退会自由。

第十一条　会员义务

1.遵守法律、法规和学校的规章制度。

2.遵守协会章程,维护协会荣誉,执行协会决议,完成协会任务。

3.按时缴纳会费。

4.在不影响本职工作的情况下积极参加协会活动。

5.宣传本协会章程及宗旨,发展会员。

第十二条　各协会组织机构和负责人

1.各协会理事会由5～7人组成,设会长1名,副会长1名,秘书1名。50人以上的协会可设副会长2名,由理事会选举产生协会可根据自身需要设立名誉会长或顾问。

2.会员人数不得少于30人,且需涵盖3个以上校内二级单位或部门,以保证参与的普遍性。

3.会长、副会长等理事会成员应具有良好的思想道德素质和奉献精神,具有较强的组织协调能力,善于团结广大教职工,热心协会工作,乐于为大家服务。

第五章　各协会的经费

第十三条　经费来源

1.自筹经费。包括会员缴纳的会费、社会和个人的赞助。

2.校工会支持经费。校工会根据各协会人数及开展活动情况,给予一定的经费支持。每个协会每年支持额度最多不超过5000元，按照每次活动的方案及总结材料凭票报销，余额年底清零。

3.专项活动经费。校工会委托各协会参加的校内外文体活动，可申请专项活动经费。各协会提交活动、经费预算方案，报校工会审批。

第十四条 经费支出

1.所有经费只限于协会活动支出。

2.经费支出应以自筹和会员交纳的会费为主。

3.坚持厉行节约、量入而出的原则。

第十五条 经费管理

1.各协会经费由协会自主筹措和管理。

2.各协会根据本协会的实际情况制定会费标准。

3.各协会须制定协会经费管理办法，报校工会备案。

4.协会要指定专人管理协会经费，定期公布收支情况，接受全体会员的监督。

5.各协会开展各项活动，必须先制定工作方案和经费预算，由协会会长负责审批。

6.协会负责人主管本协会活动经费的使用、管理与报销，每年须做好经费使用的预决算报告。

7.协会使用校工会支持经费和专项活动经费，应在审批确定的支出范围和预算内执行，以实际产生的费用凭票报销，由经办人及协会负责人签字，按工会财务制度规定报销。

8.各协会筹措的有偿赞助需与赞助方签订协议，注明服务的详细内容，报校工会批准备案并接受相关监督。

9.没有开展活动，或年初没申报立项的，不予经费支持。

第六章　各协会的日常管理

第十六条　各协会实行会长负责制，会长负责本协会的日常管理和组织工作。

第十七条　各协会年底需上交本年度工作总结和经费决算，及下一年的工作计划和年度预算。

第十八条　各协会应做到活动前有方案计划、活动中有专人负责、活动后有图文报道，活动总结及时报送校工会。

第十九条　不得以协会名义组织有偿培训。

第二十条　安全责任

1.各类文体训练及比赛都具有潜在的安全风险，各协会应注重人身安全并告知参加活动或比赛的会员。

2.会员应视自身风险控制能力、健康状况、环境情况参加活动，谨慎行事，以免发生意外。

3.各协会自行决定是否为会员购买意外伤害保险。

4.凡由各协会组织的活动，若在训练或比赛时发生各类安全损伤需由个人负责。

第二十一条　各协会应定期开展活动，且每次活动参加的会员人数原则上50人以下的协会不少于会员的半数，50人以上协会不少于30人。

第七章　附则

第二十二条　本章程自发布之日起实行，解释权归中国教育工会湖南中医药大学委员会。

中国教育工会湖南中医药大学委员会
2021年10月26日

附件 1

湖南中医药大学教职工协会登记表

协会名称			
职务	姓名	电话	QQ 号
名誉会长			
会长			
副会长			
副会长			
秘书长			
会员人数		收取会费 / 人	
成立时间		改选时间	
理事人员名单			
校工会审核			

附件2

湖南中医药大学教职工协会会员花名册

协会名称：

序号	姓名	性别	所在部门	职务职称	电话
1					
2					
3					
4					
5					
6					
7					
8					
9					
10					

湖南中医药大学教职工申诉处理办法（试行）

校发〔2021〕20号

第一章 总则

第一条 为实施依法治校，切实维护教职工的合法权益，根据《中华人民共和国高等教育法》《中华人民共和国教师法》《事业单位工作人员申诉规定》等有关法律法规及相关文件，结合学校实际，制定本办法。

第二条 本办法中的申诉人为学校在岗教职工（含合同用工人员）、离退休教职工。被申诉人为学校、学校有关部门、组织或相关责任人。

第三条 受理和处理教职工申诉时，应当依照规定的权限、条件和程序进行，坚持合法、公正、公平、及时的原则。

第四条 教职工行使申诉权利，应当遵守国家法律法规、行政规章及学校的各项规定，以事实为依据，不得捏造事实。

第五条 申诉应当由教职工本人申请。本人丧失行为能力、部分丧失行为能力或者死亡的，可以由其近亲属或监护人代为申请。

第二章 组织机构

第六条 学校成立湖南中医药大学教职工申诉处理委员会（以下简称"申诉处理委员会"），依据国家有关法律法规、学校的各项规章制度受理教职工申诉，维护教职工合法权益。

第七条 申诉处理委员会下设办公室，办公室设在校工会，作为申诉处理委员会的日常工作机构，负责受理申诉，送达申诉，处理决定书，保管申诉卷宗等日常事务。

第八条 申诉处理委员会成员单位由党政办公室、组织人事部、纪委办公室、监察专员办公室、校工会、教务处、科技处、党委研究生工作部、后勤处、离退休处组成。

第九条 申诉处理委员会一般由13人组成，设主任1名，由分管校工会的校领导担任，副主任2名，由校工会和党政办公室负责人担任。申诉处理委员会中应有教职工代表和法律顾问，由校工会推荐。

第十条 申诉处理委员会职责：

（一）决定是否受理申诉人的申诉；

（二）向有关单位及人员调取相关证据，查阅相关材料；

（三）审议申诉人的申诉请求，作出申诉处理决定；

（四）向申诉人和被申诉人送达申诉处理决定书；

（五）受理申诉人向上级教育行政部门申诉或向法院提起行政诉讼的应诉事宜。

第十一条 申诉处理委员会成员有下列情形之一的，在申诉处理过程中应当自行回避，申诉人有权用口头或书面形式申请相关人员回避，但应当说明理由：

（一）与申诉人和被申诉人有夫妻关系、直系血亲、三代以内旁系血亲关系或者近姻亲关系的；

（二）与申诉人和被申诉人有其他利害关系的，可能影响调查公正进行的。

第三章 申请与受理

第十二条 有下列情形之一的，职工可以直接向申诉处理委员会提出申诉：

（一）对学校作出的处分决定有异议的；

（二）对劳动合同签订、职称评审、岗位聘任、科技成果认定、考核奖惩等方面的决定或行为认为侵犯个人合法权益的，在按规定向学校或学校有关行政部门反映后不予解决的；

（三）申诉处理委员会认为应受理的其他事项。

第十三条　申诉应当明确提出申诉理由。申诉理由至少应当符合以下条款中的一款：

（一）程序不正当；

（二）证据不充分，或有新证据证明原证据错误；

（三）依据不明确或者错误；

（四）定性不准确；

（五）处分不适当。

第十四条　有下列情形之一的，申诉不予受理：

（一）申诉时间超过申诉期限的；

（二）申诉事项超出申诉范围的；

（三）申诉材料不齐备，在规定时间内未补齐的；

（四）申诉处理委员会已做出复审决定的；

（五）学校或学校有关管理部门制定的具有普遍约束力的文件所规定的事项；

（六）学校执行法律、法规、规章及上级有关文件规定的事项；

（七）司法机关已做出裁定的。

第十五条　申诉申请应在申诉人知道或应当知道其权益受侵害之日起30个工作日内向申诉处理委员会提出。因不可抗力或其他特殊情况而导致逾期的，在障碍消除后10个工作日内，可以向申诉委员会提起申诉，逾期不予受理。

第十六条　申诉人提出申诉，应当由本人或委托人当面递交申诉申请书。申诉人的申请书应当写明以下内容：

（一）申诉人的姓名、性别、年龄、工作单位、现家庭地址、联系电话、电子邮箱、通讯地址等个人基本情况；

（二）被申诉人；

（三）申诉请求；

（四）申诉事实和理由；

（五）提交申请的日期和亲笔签名；

（六）原处理决定书及其他相关证据、证人材料（原件和复印件）。

第十七条　申诉处理委员会对申请人提交的申请书是否符合受理条件进行审查，在收到申诉书之日起15个工作日内作出受理或者不予受理的决定（遇寒暑假顺延至开学后）。不予受理的，应当说明理由。

（一）符合申诉条件的，决定受理，告知被申诉人，同时将申诉书副本送达被申诉人，要求被申诉人在规定期限内提供书面答辩意见，逾期不提供答辩意见的，不影响申诉处理委员会对申诉的处理。

（二）不符合申诉条件的，不予受理，同时告知申诉人并说明理由。

（三）对申诉申请书未阐明申诉理由和要求，或申诉材料不齐备的，应当一次性通知申诉人需要补正的全部内容和补正期限。申诉书以学校为被申诉人的，如有具体承担申诉事项相关职责的单位，应当直接指定或变更该单位为被申诉人，并及时告知申诉人和被申诉人。

第十八条　申诉人5人以上且申诉请求、依据的事实和理由相同的，可以共同申诉，须推选2～3人为代表。

第十九条　申诉人委托代理人行使申诉权的，应当办理委托代理手续。委托代理人凭委托代理手续和合法身份证明，到委员会确认代理身份后方可履行代理职责。

第二十条　申诉事项在处理期间，原申诉人请求撤回申诉，或就申诉事项或与之牵连事项，另行提起诉讼的，应向申诉处理委员会提交书面撤销申诉申请。申诉事项一经撤销，则不得以相同理由再行提起申诉。

第四章　申诉处理

第二十一条　对决定予以受理的申诉，申诉委员会应当在接到申诉申请书的10个工作日内，启动申诉处理程序，并在接到申诉申请书之后的30个工作日内做出申诉处理决定：

（一）原处理决定认定事实清楚，适用法律、法规和有关规定正确，处理恰当、程序合法，维持原处理决定；

（二）原处理认定事实不存在的，或者超越职权、滥用职权做出处理的，按照管理权限责令原处理单位撤销或者直接撤销原处理；

（三）原处理认定事实清楚，但认定情节有误，或者适用法律、法规和有关规定有错误，或者处理明显不当的，按照管理权限责令原处理单位变更或者直接变更原处理；

（四）原处理认定事实不清，证据不足，或者违反规定程序和权限的，责令原处理单位重新处理。

第二十二条　对申诉事项进行调查核实，接受调查的单位或个人有协助调查的义务，应当如实提供情况和证据。

第二十三条　申诉处理委员会对申诉人的意见、调查报告和相关证据材料进行审核，并就以下问题进行评议：

（一）申诉事实是否清楚；

（二）原处理决定是否公平公正；

（三）原处理决定适用依据是否正确；

（四）作出原处理决定的程序是否符合规定；

（五）原处理决定认定的事实是否清楚，主要证据是否确实充分；

（六）被申诉人有无超越职权或滥用职权的情形；

（七）其他需要评议的问题。

第二十四条　申诉处理委员会评议时采用不公开方式，委员会意见应当予以保密。处理决定书未经送达申诉人前，不得公开申诉结果。涉及申诉人隐私的申诉，应当对申诉人的基本信息保密。

第二十五条　申诉处理委员会评议申诉案件须有三分之二以上成员参加，表决须经出席委员三分之二以上通过方为有效。评议应当制作笔录，由申诉处理委员会成员签名，评议中的不同意见必须如实记入笔录。

第二十六条　在审议复查小组的报告时，申诉人或其代理人如果有要求，或虽然没有要求但委员会认为有必要，可以要求申诉人和被申诉人到会陈述或答辩。

第二十七条　申诉处理委员会就申诉作出处理决定后，应当制作申诉处理决定书。申诉处理决定书应当载明下列内容：

（一）申诉人的基本情况；

（二）被申诉人的基本情况；

（三）申诉的事项、理由及答辩意见；

（四）申诉处理委员会认定的事实、理由及适用的依据；

（五）申诉处理决定；

（六）作出决定的日期；

（七）其他需要载明的内容。

第二十八条　如申诉案件的有关事项同时属于校长办公会议事范围的，由申诉处理委员会提交校长办公会议审议研究后再下达申诉处理决定书。

第二十九条　申诉处理决定是学校对教职工申诉事件处理的最终决定。教职工申诉处理决定书，应在10个工作日内送达申诉人和被申诉人。申诉处理决定书的送达，依照民事诉讼法关于送达的规定执行。因申诉人下落不明等原因无法取得联系的，应当在学校网站或有关媒体上公告处理决定，公告期为60日，公告期届满视为送达。

第三十条　申诉处理决定书一经送达，立即生效。被申诉人应当执行申诉处理决定。申诉人对申诉处理决定或被申诉人重新作出的处理决定仍有异议的，除法律法规或行政规章等另有规定外，可以在收到申诉处理决定书之日起30日内向教育行政主管部门提出申诉。

第三十一条　申诉处理期间，原处理决定不停止执行。

第三十二条　申诉处理委员会受理申诉后，不得加重对申诉人的处理。重新作出处理决定的单位，除有新的违纪违规事实以外，也不得作出更加不利于申诉人的处理。

第三十三条　申诉期间，申诉人就申诉事项关联的其他事项另行提起申诉的，申诉处理委员会审查后，认为有必要的，可以合并处理。

第五章　附则

第三十四条　本办法若与国家新颁布实施的法律法规或行政规章等规定精神不一致的，按国家新颁布的法律法规及行政规章等执行。

第三十五条　本办法由学校申诉处理委员会负责解释。

第三十六条　本办法自发布之日起实施。

中共湖南中医药大学委员会
2021年10月14日

湖南中医药大学教职工大病医疗互助基金管理办法

校发办字〔2022〕3号

为进一步提高教职工医疗保障水平，弘扬中华民族"一人有难，八方支援"的传统美德，按照党中央关于"建立多层次社会保障体系"和"完善城镇职工基本医疗保险制度"的要求，及中华全国总工会《关于工会举办职工互助补充保险的意见》（工劳字〔1992〕32号）的精神，结合学校实际，建立教职工大病医疗互助基金，具体管理办法如下。

第一章　基金的筹措

第一条　学校每年划拨40万元作为集体互助基金。当医疗互助基金总额达到200万元时，暂不划拨经费。当基金不足60万元时，学校恢复划拨集体互助基金。

个人互助基金以五年为一个周期，在一个周期内坚持个人持续缴纳原则，不得间断。一个周期结束后，视基金使用和积累情况再确定下一个周期的起始。

第二条　凡在职教职工和退休教职工应积极参加医疗互助，按自愿原则填写《湖南中医药大学教职工参加大病医疗互助基金会申请表》，每人每年交纳互助基金100元，并按规定可以申请享受第二年的医疗互助基金补助，凡逾期者不予受理。

第三条　各分工会和离退休处在每年的4月底以前收集职工交纳的互助基金统一汇入学校互助基金的专用账户，并将名单交至校工会。

新调入或新分配的正式职工从进入学校的当年当月开始交纳，并享受当年的医疗互助基金；因各种原因人事关系脱离学校的教职工，从人事部门办理完异动手续之日起不再享受医疗互助待遇。

自愿退出本基金会的需本人向基金管理委员会提出书面申请。

第四条　互助基金的增值主要来自银行存款利息，或在保证基金正常运转和无任何风险前提下的委托理财。互助基金的积累主要来源于教职工互助基金的交纳、学校投入和社会捐赠。

第五条　接受行政拨款和社会个人捐赠。

第二章　基金补助对象

第六条　基金补助对象是指享受学校福利费待遇的在职教职工和退休教职工（不含离休教职工）。停薪留职、出国、外借等不在学校发放工资的人员待返校后方可参加本基金会。

第七条　互助基金补助周期为一个自然年，跨年度住院的教职工按出院时间所在年度申报。

第三章　基金补助原则

第八条　本基金以救助因重大疾病或重大意外伤害的教职工为原则。

凡交纳了互助基金，享受学校福利费待遇的在职教职工、退休教职工，因病或意外伤害在省医保定点的医疗机构住院治疗所发生的有关医疗费用，经本人申请，所在部门签字证明，学校基金补助审查小组审查，基金管理委员会审定，可按本办法规定享受相应的互助基金补助。

第九条 下列情况造成的意外伤害，本基金不予补助：

（一）大面积自然灾害。

（二）犯罪与违法、违纪、违章（含违章驾车、违章操作）、酗酒、打架、斗殴、吸毒。

（三）自杀、自残。

（四）非医疗性美容、整形。

（五）其他由基金管理委员会认定不予补助者。

第十条 凡符合医疗互助基金补助条件的在职教职工和退休教职工，因病或意外伤害住院治疗发生的医疗费用，经过基本医疗保险统筹基金按规定支付之后，仍需个人承担的自付部分（不含完全自付部分）可申请补助。其年度补助标准为：

（一）申请补助最低自费起付线为4000元。

（二）补助档次与比例（在最低起付线基础上）

1.4001～10000元的部分，补助40%；

2.10001～20000元的部分，补助50%；

3.20001～30000元的部分，补助60%；

4.30001～40000元的部分，补助70%；

5.40001元及以上的部分，补助75%，最高补助限额为4万元。

（三）补助金的计算

补助金=（个人自付总额-完全自付部分）×分段补助比例。

（四）个人连续交满两个互助基金周期，并且继续缴纳的，首次申请时补助金增加5%，但不得超过年度最高补助限额。

第十一条 凡参加医疗互助的在职教职工和退休教职工，因重大意外伤害住院治疗发生的医疗费用，经过学校统一办理的各种基金偿付、工伤补助及肇事方赔偿之后，个人实际负担的医疗费用，其年度补助标准参照第十条执行。

第十二条　凡参加医疗互助的在职教职工和退休教职工在同一年内多次因病住院治疗而申请互助基金补助的，累计补助总额不得超过年度最高补助限额。

第十三条　在职教职工和退休教职工个人不愿意参加互助基金会，也未缴纳互助基金的，不享受本基金补助。

第十四条　凡弄虚作假者，一经发现除追回当次已发放的补助金外，同时取消其今后互助资格，并在全校通报。

第四章　基金补助办理程序

第十五条　基金补助办理程序如下：

（一）申请人在校工会网站下载《湖南中医药大学教职工大病医疗互助基金补助申请表》，并按要求填写。

（二）所在分工会签署意见并签字、加盖公章。

（三）校医保办审核、填写住院相关数据，计算补助金。

（四）校工会财务对个人资格及补助金进行复核，报医疗互助基金管理委员会审批。

（五）凭补助申请表到校工会领取现金或支票。

第十六条　申请互助基金补助应如实提供以下材料：

（一）《湖南中医药大学教职工大病医疗互助基金补助申请表》。

（二）《省医保参保患者住院结算单》。

（三）《疾病诊断证明书》。

（四）医院发票原件（发票复印件须经已报销单位注明已报销金额并签章）。

（五）意外伤害事故证明、医疗鉴定残疾证明。

第十七条　申请互助基金补助的时间为每年6月和12月，具体日期另行通知。

第五章　基金的管理

第十八条　基金管理机构的设置

（一）基金管理委员会的组成：

（二）基金管理委员会的职责

基金管理委员会委员代表由下列部门组成：校工会、组织人事部、计财处、审计处、后勤服务总公司、纪检监察室、离退休处各1名，教职工代表若干名。其具体人选由校工会与有关部门协商提名，经校工会委员会通过认可。其主要任务为：由校工会牵头，负责制定基金筹措方案、补助政策标准、审定补助数额，研究、修订医疗互助管理办法，监督、掌握互助基金收缴及使用情况，研究调整有关规定，提出本管理办法的修改草案。计财处每年12月提供自愿交费名单。

1.基金收支管理小组，负责基金收缴入账、补助报销。由校工会财务在学校资金结算中心设立专门账户，承担收支记账业务，并按财务制度汇总，定期向基金管理委员会提供书面报告。

2.基金补助审查小组，负责受理教职工医疗费用的补助申请，根据本管理办法提出补助意见，报基金管理委员会审定。由校医院医保办具体承担审查业务。

3.基金监督小组，负责基金收支的监管、审查，确保基金公正、公平、合理使用。由审计处、组织人事部、纪检监察负责监督。组织人事部及时提供教职工异动名单。

第十九条　本基金必须确保专款专用。其具体收支补助情况，每年基金管理委员会必须以书面的形式向校工会委员会、校工会经费审查委员会作出专题报告。

第二十条　本办法自2022年3月10日起执行，由基金管理委员会负责完善和解释，原《关于印发＜湖南中医药大学教职工大病医疗互助基金管理办法＞的通知》（校发办字[2017]11号）同时废止。

中共湖南中医药大学委员会

2022年3月10日

附件：

1.湖南中医药大学教职工大病医疗互助基金管理委员会及基金小组成员名单

2.湖南中医药大学教职工参加大病医疗互助基金会申请表

3.湖南中医药大学教职工大病医疗互助基金补助申请表

附件 1

湖南中医药大学教职工大病医疗互助基金委员会及基金小组成员

一、基金管理委员会

主任：工会主席

成员：工会常务副主席、经审委员会主任、学校医保办主任、教职工代表。办公室设在校工会。

二、基金收支管理小组

组长：学校计划财务处负责人

成员：相关人员

三、基金补助审查小组

组长：工会常务副主席

成员：相关人员

四、基金监督小组

组长：经审委员会主任

成员：学校监察室工作人员、教职工代表

上述成员如有工作变动，由所在单位递补成员，并报校工会备案。

附件2

湖南中医药大学教职工参加大病医疗互助基金会申请表

编号：

姓名		性别		相片
参加工作时间		退休时间		
医疗保险号码				
身份证号码		所在分工会		
家庭住址		联系电话	（住宅）	
			（手机）	
本人自愿申请参加湖南中医药大学教职工大病医疗互助基金会，同意在周期年内每年一月从工资中扣除互助基金并遵守《湖南中医药大学教职工大病医疗互助基金暂行管理办法》的相关规定。 　　　　　　　　　　　　　　　申请人： 　　　　　　　　　　　　　　　　　年　月　日			
分工会 意见	负责人： 　　　　　　　　　　　年　月　日			
管委会 意见	负责人： 　　　　　　　　　　　年　月　日			
备注				

附件3

湖南中医药大学教职工大病医疗互助基金补助申请表

编号：

姓名		性别		身份证号码	
所在部门		在职（ ）退休（)		联系电话	
入院诊断				出院诊断	
入院时间				出院时间	
所在分工会意见	负责人：（签字并盖公章） 年　月　日				
校医保办审查意见	医疗总费用（元）		负责人：（签字并盖公章） 年　月　日		
	统筹基金支付（元）				
	个人自付总额（元）				
	完全自付部分（元）				
	互助自付部分（元）				
	补助比例				
	互助基金补助（元）				
校工会财务复核意见	负责人：（签字并盖公章） 年　月　日				
学校医疗互助基金管理委员会审批意见	负责人：（签字并盖公章） 年　月　日				

湖南中医药大学工会先进集体和先进个人评选表彰办法

校工字〔2022〕3号

第一章 总 则

第一条 为了充分发挥教育工会职能,团结动员全体教职工为学校中心工作踔厉奋发,争创一流;调动工会组织和工会干部服务职工的积极性、主动性、创造性,根据《中国工会章程》及上级工会有关规定,结合学校工会工作实际,制定本办法。

第二条 评选表彰工作的原则是:坚持围绕中心、服务大局;坚持面向基层一线,着力夯实工会基础;坚持公开公平公正,评选工作规范有序;坚持高标准严要求,确保表彰对象的先进性。

第二章 评选表彰奖项、范围和条件

第三条 设立下列先进集体和优秀个人奖项。

先进集体奖项:先进分工会。

优秀个人奖项:优秀工会会员、优秀工会工作者。

第四条 评选范围

(一)先进集体

先进分工会:由学校教育工会行文确认成立三年及以上的分工会。

(二)先进个人

1.优秀工会会员:由学校工会注册登记确认在本校工作三年及以上的工会会员。

2.优秀工会工作者:由上级或学校教育工会行文确认、在工会工作岗位连续工作三年及以上的工会委员、经费审查委员会委员、女职工委员会委员、学校教育工会专门工作委员会委员、分工会主席、分工会委员、学校专职工会干部。

第五条 评选比例

"先进分工会"奖项评选比例控制在校本部分工会总数的25%。"优秀工会会员"比例控制在工会会员总数的5%;"优秀工会工作者"评选总数控制在工会干部总数的12%。

第六条 评选条件

一、先进集体

先进分工会

1.积极组织会员认真学习深入贯彻习近平新时代中国特色社会主义思想,教育引导会员坚定不移地执行党的路线、方针和政策,执行工会会员代表大会和上级工会决议,牢固树立社会主义核心价值观、听党话跟党走;会员师德高尚,遵纪守法。

2.分工会组织机构健全,岗位职责明确,各项制度完善。分工会工作有年度计划和总结。规范管理会员会籍,会员按时交纳会费,规范使用文体活动经费。

3.民主制度和民主生活会健全,坚持二级教代会制度和处务、院务公开;组织职工开展教学竞赛和岗位练兵,围绕中心、服务大局,团结协作、开拓进取,工会工作业绩突出。

4.积极参加学校工会组织开展的各项活动,认真完成上级工会布置的各项任务,在学校"双代会"及学校工会组织的各种会议和活动中发挥积极作用。

5.密切联系群众,维护会员权益,竭诚服务会员,分工会组织有凝聚力和活力,积极推动"模范教职工小家"建设。

6.近三年分工会所在部门或单位及工会会员未发生任何违纪违法、学术不端事件。

二、先进个人

（一）优秀工会会员

1.认真学习习近平新时代中国特色社会主义思想，学习科学文化知识和工会基本知识；执行党的路线、方针、政策，忠诚党和人民的教育事业。

2.模范遵守国家宪法和法律法规；模范践行社会主义核心价值观，能正确处理国家、集体和个人的关系，遵守学校劳动纪律，品德高尚。

3.积极参加民主管理，立足本职岗位建功立业，本职工作任务完成好，事迹突出。

4.维护中国工人阶级和工会组织的团结统一，发扬阶级友爱和互助互济精神，积极服务社会或地方经济并取得一定成绩。

5.模范遵守工会章程、执行工会决议，按时缴纳会费，积极参加工会活动、团结协作精神强。

6.近三年内，本人无违纪违法和学术不端行为。

（二）优秀工会工作者

1.认真学习马克思列宁主义、毛泽东思想、邓小平理论、"三个代表"重要思想、科学发展观、习近平新时代中国特色社会主义思想；学习科学文化知识和工会业务知识，政治引领能力和服务群众能力强。

2.模范执行党的路线、方针、政策，遵守国家法律法规，在工会工作中勇于开拓创新。

3.信念坚定、忠于职守，勤奋工作，敢于担当，廉洁奉公、顾全大局、维护团结。

4.坚持实事求是，认真调查研究，如实反映职工的意见、愿望和要求。

5.坚持原则，不谋私利，热心为职工说话办事，依法维护职工的合法权益。

6.作风民主，联系群众，自觉接受群众监督。

7.近三年内，本人无违纪违法和学术不端行为。

第三章　评选表彰办法

第七条　先进分工会由分工会自主申报；优秀工会会员由学校工会下达名额指标，分工会等额推荐；优秀工会工作者采取校院两级分工会推荐的方式提名候选人。

第八条　学校工会组织评审组进行评选，报工会委员会审定后，提出拟表彰建议名单。

第九条　拟表彰名单在学校工会网站公示五个工作日。

第十条　评选公示表彰结果报学校党委会审定批准，由学校工会行文。

第十一条　评选表彰工作以自然年度为准，原则上每两年开展一次。

第十二条　学校工会根据上级政策和学校工会相关规定，对先进集体颁发奖牌和奖金，对先进个人颁发奖励证书和奖金或奖品。

第四章　附　则

第十三条　本办法由中国教育工会湖南中医药大学委员会负责解释，自发文之日起实施。

中国教育工会湖南中医药大学委员会

2022年4月7日

湖南中医药大学工会工作规定

校工字〔2022〕7号

第一章 总 则

第一条 为了推进学校工会工作制度化、规范化，充分发挥工会作用，促进学校改革发展，根据《中华人民共和国工会法》《中国工会章程》、中华全国总工会《事业单位工会工作条例》、教育部《学校教职工代表大会规定》等有关法规，结合学校工会实际，特制定本规定。

第二条 学校工会以马克思列宁主义、毛泽东思想、邓小平理论、"三个代表"重要思想、科学发展观、习近平新时代中国特色社会主义思想为指导，坚持正确的政治方向，坚持围绕学校中心、服务学校改革发展大局，加强维权服务，积极创新实践，强化责任担当，团结动员教职工岗位建功立业，为学校的改革发展作出贡献。

第三条 学校工会接受学校党委和湖南省教育工会双重领导，以学校党委领导为主。

第四条 学校工会工作遵循以下原则：坚持党的领导，贯彻落实党的全心全意依靠工人阶级的根本方针，始终保持正确的政治方向；坚持以教职工为本，保持和增强政治性、先进性、群众性，发挥联系教职工的桥梁、纽带作用；坚持依法依规，做到依法建会、依法管会、依法履职、依法维权；坚持改革创新，不断加强自身建设，把工会组织建设得更加充满活力、更加坚强有力。

第二章 工会组织建设

第五条 凡学校在编在岗教职工、与学校人事部门签订了劳动用工合同（同工同酬）的人员，承认工会章程、服从工会决议、参加入工会活动、按时缴纳会费，均可申请加入工会。新会员通过审批入会即发放会员证，从领取工会会员证的次月一日开始，享受工会福利待遇。会员退休后，从人事部门下达离退休通知的次月一日开始，享受离退休干部的福利待遇而不再享受工会福利待遇。

第六条　学校工会会员代表大会是学校工会的最高权力机关；学校工会会员代表大会选举产生工会委员会，工会委员会设委员十五至十七人。

第七条　会员代表大会每年至少召开一次会议。经工会委员会或三分之一以上会员提议，可临时召开会议。

第八条　会员代表大会的代表实行常任制，任期与本届工会委员会相同。

第九条　会员代表大会行使如下职权：

（一）审议和批准工会委员会的工作报告；

（二）审议和批准工会委员会的经费收支情况和经费审查委员会的工作报告；

（三）选举工会委员会和经费审查委员会；

（四）撤换或罢免其所选举的代表或工会委员会组成人员；

（五）讨论决定工会工作其他重大问题；

（六）公开工会内部事务；

（七）民主评议和监督工会工作及工会负责人。

第十条　工会会员代表大会与教职工代表大会分别行使职权，不得相互替代。

第十一条　工会委员会委员由差额选举产生，可以直接采用候选人数多于应选人数的差额选举办法进行正式选举，也可以先采用差额选举办法进行预选产生候选人名单，然后进行正式选举。委员会委员差额率分别不低于5%和10%。选举结果报湖南省教育工会批准。

第十二条　工会委员会是会员代表大会的常设机构，对会员代表大会负责，接受会员监督。在会员代表大会闭会期间，负责日常工作。

第十三条　工会委员会每届任期三至五年，具体任期由会员代表大会决定。任期届满，应当如期召开会员代表大会，进行换届选举。特殊情况下，经省教育工会批准，可以提前或者延期举行，延期时间一般不超过半年。

第十四条　工会委员会实行民主集中制，重要人事事项、大额财务支出、资产处置、评先评优等重大问题、重要事项须经集体讨论作出决定。

第十五条　工会委员会至少每季度召开一次会议，讨论或决定下列事项：

（一）贯彻党组织、上级工会有关决定和工作部署，执行会员代表大会决议；

（二）向党组织、上级工会提交的重要请示、报告，向会员代表大会提交的工作报告；

（三）工会工作计划和总结；

（四）向行政提出涉及单位发展、有关维护服务职工重大问题的建议；

（五）工会经费预算执行情况及重大财务支出；

（六）由工会委员会讨论和决定的其他事项。

第十六条　根据学校工会工作需要，工会委员会设立组织工作委员会、宣传教育工作委员会、文体工作委员会、民主管理工作委员会、福利工作委员会、青年工作委员会六个专门工作委员会，执行工会委员会的决议，负责完成相关专项工作任务。

第十七条　学校本部在二级党组织领导的单位建立分工会。分工会选举工会主席一人，主持分工会工作，分工会主席不具有法人资格。分工会会员十人以下增选组织员一人；会员十一人到三十人，可设立分工会委员会，另选举委员两人；会员在三十一人至八十人，另选举委员四人；会员在八十一人以上，另选举委员六人。分工会委员会每届任期三至五年，主席、委员如遇工作岗位调整，分工会须按程序增选配齐主席或委员。

第十八条　会员人数较多的分工会组织，可以根据需要建立工会小组。

第三章　工会工作职责

第十九条　学校工会的职责：

（一）组织教职工深入学习马克思列宁主义、毛泽东思想、邓小平理论、"三个代表"重要思想、科学发展观和习近平新时代中国特色社会主义思想，贯彻党的基本理论、基本路线、基本方略，团结引导教职工听党话、跟党走。

（二）培育和践行社会主义核心价值观，深入细致地做好教职工的思想政治工作，开展理想信念教育，实施道德建设工程，提高教职工的综合素质，使之努力成为党和人民满意的"四有"好教师。

（三）加强以教职工代表大会为基本形式的民主管理工作，深入推进学校内部事务公开，落实教职工的知情权、参与权、表达权、监督权。

（四）做好教职工维权工作，开展集体协商，构建和谐劳动人事关系，协调处理劳动人事争议，推动解决教职工技能培训、工资福利、安全健康、社会保障以及职业发展、民主权益、文化体育和精神文化需求等问题。强化困难教职工的帮扶工作，维护女教职工的特殊利益。

（五）弘扬劳模精神、劳动精神、工匠精神，营造劳动光荣的社会风尚和精益求精的敬业风气，开展劳动和技能竞赛，开展群众性的技术创新、技能培训活动。

（六）加强工会组织建设，建立健全工会内部运行和开展工作的各项制度，做好会员的发展、接转、教育和会籍管理工作，加强对专（兼）职工会干部和工会积极分子的培养，深入开展"教职工之家"和"教职工小家"创建活动。

（七）做好服务教职工工作，倾听教职工意见，反映教职工诉求，协助党政办好教职工集体福利事业，开展困难职工帮扶，组织教职工参加疗休养、健康体检，为教职工办实事、做好事、解难事。

（八）收好、管好、用好工会经费，管理使用好工会资产，加强工会经费和工会资产审查审计监督工作。

第四章　工会工作制度

第二十条　教职工代表大会是学校实行民主管理的基本形式，是教职工行使民主管理权力的机构。教职工代表大会每三年至五年为一届，每年至少召开一次。召开教职工代表大会正式会议，必须有全体教职工代表三分之二以上出席。学校工会是教职工代表大会工作机构，负责教职工代表大会的日常工作。学校工会承担以下与教职工代表大会相关的工作职责：

（一）做好教职工代表大会的筹备工作和会务工作，组织选举教职工代表大会代表，征集和整理代表提案，提出会议议题、方案和主席团建议人选；

（二）组织教职工代表的培训，接受和处理教职工代表的建议和申诉；

（三）就学校民主管理工作向学校党委汇报；

（四）完成教职工代表大会委托的其他任务。

学校应当为工会承担教职工代表大会工作机构的职责提供必要的工作条件和经费保障。

第二十一条 建立和规范事务公开制度，协助党政做好事务公开工作，明确公开内容、公开形式，做好民主监督。

第二十二条 畅通教职工表达合理诉求渠道，通过协商、协调、沟通的办法，化解劳动人事矛盾，建立健全劳动人事关系调解机制，协商解决涉及教职工切身利益的问题。建立和完善科学有效的利益协调机制、诉求表达机制、权益保障机制。积极同相关职能部门协商，表达教职工诉求，提出解决的意见建议。

第二十三条 建立工会会员集体福利制度。在国家法定节日和会员生日，学校工会按照上级工会和学校相关规定，统一为会员发放符合节日习俗的慰问物资或定点单位指定物资提货券、生日慰问物资或定点单位生日蛋糕券。

第二十四条 建立特殊会员"六必走访慰问"制度。凡遇会员结婚（初婚）、生育（一至三胎）、生病住院、退休、逝世、会员直系亲属逝世特殊情况，会员本人或家属应及时向所在分工会报告。分工会须代表学校工会组织及时走访慰问，赠送符合规定的慰问品、纪念品或慰问金，所产生的慰问费用按照《湖南中医药大学工会经费管理实施细则》（校工字〔2021〕4号）文件执行。

第二十五条 建立会员困难帮扶体系。协助行政加强对会员的劳动保护，建立与完善教职工体检、教职工疗休养、教职工大病医疗互助基金管理制度。充分利用省总工会的政策优势，为会员购买医疗互助基金，为生病会员解决医疗费补贴。根据上级工会规定，组织对特别困难的会员慰问帮扶。

第五章　工会自身建设

第二十六条　学校设置正处级工会工作部门，下设组织权益部和宣传文体部两个职能科室。

第二十七条　学校工会主席、副主席和委员实行任期制，可以连选连任。工会主席、副主席因工作需要调动时，应当征得学校工会委员会和省教育工会的同意。工会主席、副主席空缺时，应当及时补选，空缺期限一般不超过半年。

第二十八条　突出政治性、先进性标准，选优配强校、院两级工会领导班子和干部队伍，按照既要政治过硬、又要本领高强的要求，建设忠诚、干净、担当的高素质工会干部队伍，注重培养专业能力、专业精神，提高做好群众工作的本领。

第六章　工会经费和资产

第二十九条　学校工会独立设立经费账户。工会经费支出实行工会法定代表人签批制度。工会经费主要用于为职工服务和工会活动。

第三十条　工会会员按规定标准和程序缴纳会费。学校行政按每月全部职工工资总额的百分之二向工会拨缴工会经费；工会因工作需要，可以依据《中华人民共和国工会法》等有关规定，向学校行政申请经费补助。学校工会应当按照有关规定收缴、上交工会经费，依法独立管理和使用工会经费。

第三十一条　校工会应当根据经费独立原则建立预算、决算和经费审查审计制度，坚持遵纪守法、经费独立、预算管理、服务职工、勤俭节约、民主管理的原则。工会建立《湖南中医药大学工会经费管理实施细则》，各项收支实行工会委员会集体领导下的主席负责制，重大收支必须集体研究决定。

第三十二条　学校应当依法为工会办公和开展活动提供必要的设施和活动场所等物质条件。工会经费、资产和国家拨给工会的不动产及拨付资金形成的资产，任何单位和个人不得侵占、挪用和任意调拨。

第七章　工会经费审计

第三十三条　会员代表大会选举产生经费审查委员会，经费审查委员会设主任一人，委员四人；主任由经费审查委员会全体会议选举产生，按同级工会副职级配备。经费审查委员的选举结果，与工会委员会的选举结果同时报省教育工会批准。

第三十四条　学校工会经费审查委员会的任期与工会委员会相同，向学校会员代表大会负责并报告工作；在会员代表大会闭会期间，向学校工会委员会负责并报告工作；工会经费审查委员会接受省教育工会经费审查委员会的业务指导和监督检查。

第三十五条　学校工会经费审查委员会审查审计学校工会组织的经费收支、资产管理等全部经济活动，定期向会员代表大会报告，并采取一定方式公开，接受会员监督。经费审查委员会对审查审计工作中的重大事项，有权向学校工会委员会和省教育工会经费审查委员会报告。工会主席任期届满或者任期内离任的，应当按照规定对其进行经济责任审计。

第八章 女职工工作

第三十六条 学校女职工委员会与工会委员会同时建立，在工会委员会领导下开展工作，接受省教育工会女职工委员会指导，任期与工会委员会相同。女职工委员会委员由工会委员会提名，在充分协商的基础上组成或者选举产生。女职工委员会主任由工会女主席或者女副主席担任，也可以经民主协商，按照同级工会副主席相应条件选配女职工委员会主任。

第三十七条 女职工委员会的基本职责是：依法维护女职工的合法权益和特殊利益；组织实施女职工提升素质建功立业工程，全面提高女职工的思想道德、科学文化和业务技能；开展家庭文明建设工作；关注女职工身心健康，做好关爱帮困工作；加强工会女职工工作的理论政策研究；关心女职工成长进步，积极发现、培养、推荐女性人才。

第三十八条 女职工委员会定期研究涉及女职工的有关问题，向工会委员会和省教育工会女职工委员会报告工作，重要问题应提交教职工代表大会审议。学校工会应为女职工委员会开展工作与活动提供必要的场地和经费。

第九章 附 则

第三十九条 本规定由中国教育工会湖南中医药大学委员会负责解释。

第四十条 本规定自2022年7月1日起实施。

中国教育工会湖南中医药大学委员会
2022年7月1日

第二节 学校工会工作经验

高校教职工是学校人才培养、科学研究、文化传承与创新、服务社会的主力军，是高等学校完成党交给的立德树人根本任务最可依靠的力量。近年来，湖南中医药大学工会在学校党委和上级工会的坚强领导下，深入学习贯彻习近平总书记关于工人阶级和工会工作的重要指示精神，坚持中国特色社会主义工会发展道路，坚持为实现中华民族伟大复兴的中国梦而奋斗的工人运动时代主题。坚持党的群众路线，维护教职工的合法权益，竭诚服务教职工，团结动员教职工，为推动学校各项事业的发展凝聚强大力量。

一、认真落实习近平总书记关于工人阶级与工会工作的指示精神

高等学校工会工作是党领导下高等学校工作的重要组成部分，是凝聚教职工、维护与服务教职工、动员教职工岗位建功立业的一支重要力量。近几年来，湖南中医药大学工会适应新形势、面对新任务，坚持"导、学、爱、帮、管"五位一体的工会工作格局，是对高等学校工会的创新，丰富和发展了党的工会工作理论，为高等学校工会工作提供了优秀范例。

（一）坚持党的领导是做好高等学校工会工作的政治原则和根本保证

高等学校工会工作是高等学校党的群团工作、群众工作的重要组成部分，也是高等学校履行职能的基础性工作。高等学校工会只有坚持党的领导，才能保持正确的政治方向，才能把教职工紧紧凝聚在党周围，为完成立德树人的任务凝聚力量，这是工会的安身立命之本。湖南中医

药大学工会保持与增强工会组织的政治性、先进性，在体制机制设计、干部配备、制度安排、教职工学习教育内容安排、文化建设等方面，坚持正确的政治方向、站稳政治立场、把握政治原则，牢固树立"四个意识"、坚定"四个自信"、做到"两个维护"，在政治上、思想上、行动上跟以习近平同志为核心的党中央保持高度一致。

（二）坚持为实现中华民族伟大复兴的中国梦而奋斗是高等学校工会目标任务和价值追求

为实现中华民族伟大复兴的中国梦而奋斗是中国工人运动的时代主题，是新时代工会组织的目标任务，也是工会组织体现价值、彰显作用的重要途径。高等学校工会政治引领的另一个使命，就是团结动员教职工服务于学校人才培养、科学研究、文化传承与创新、国家社会的经济发展这个中心，动员教职工岗位建功立业，为中华民族的伟大复兴贡献高等学校力量。高等学校工会的一切工作，都是服务于这个时代主题，因此，高等学校工会组织要保持和增强组织的政治性、先进性、群众性，增强组织的功能，要助力加强教职工的职业道德教育、业务培训、广泛开展教学竞赛、岗位练兵，提高教职工的综合素质，助力培养"四有"好老师。

（三）坚持履行以教职工为本，维护教职工合法权益、竭诚服务教职工的高等学校工会基本职责

高等学校人才培养的质量靠教师、文化传承创新靠教师，提高高等学校的核心竞争力和服务国家社会的能力更靠教师。根据马斯洛的需求层次理论，人有五种基本的、与生俱来的需求：生理（生存生活的基本条件）、安全（工作保障）、爱/归属（友谊）、尊重、自我价值实现；五种需求构成不同的等级或水平，并成为激励和指引个体行为的力量。人只有在满足了需求的情况下，人的潜能才能发挥至最佳状态。马斯洛认为，需求层次越低，力量越大，潜力越大。湖南中医药大学工会坚持以

人为本，满足不同年龄层次教师的需求，激发教职工的创造潜能，维护教职工的合法权益，竭诚服务教职工；加强学校民主管理，促进校务公开，主动参与教职工劳动人事关系协调；维护教职工经济收入，增加教职工福利待遇，助力改善教职工工作环境，促进教职工身心健康；建设教职工之家，满足教职工爱与友谊的情感需求；开展评先评优，满足教职工被尊重和自我价值的实现。工会大胆创新，担当作为。在教职工困难的时候，学校工会出现在教职工面前，使教职工真正感到学校工会是教职工之家，工会干部是教职工最可信赖的娘家人。工会组织彰显了凝聚教职工力量、服务学校的中心和大局的作用。

（四）构建联系广泛、服务教职工的工会工作体系，是高等学校工会改革发展的前景

工会的性质决定了它的重要地位和作用。高等学校工会要发挥作用，必须构建联系广泛、服务教职工的工会工作体系，必须加强自身建设，必须改革创新。2019年10月，党的十九届四中全会召开，全会审议通过了《中共中央关于坚持和完善中国特色社会主义制度、推进国家治理体系与治理能力现代化若干重大问题的决定》，从三个方面对构建"联系广泛、服务群众的群团工作体系"提出要求：一是加强党对群团工作的全面领导，健全党委统一领导群团工作制度；二是深化群团组织改革，推动群团组织力量配备、服务资源向基层倾斜；三是促进党政机构同群团组织功能有机衔接，更好地发挥群团组织作为党和政府联系人民群众的桥梁和纽带作用。因此，高等学校工会要优化机构设置、完善管理模式、创新运行机制；要坚持和增强政治性、先进性、群众性这条主线，增强团结教育、维护权益、服务教职工的功能；要加强基层工会建设，加强工会规范化建设，深化工会改革创新，加强网上工会载体建设，加强工会干部队伍建设。学校党政要加强对工会的支持保障力度，为工会履行各项职能提供人力、物力、财力支持。

二、建设一支既热爱工会工作又带头立足岗位建功立业的工会干部队伍

近年来,学校党委进一步加强了对工会工作的领导,学校行政进一步加强了对工会工作的支持。尤其在工会干部配备、资金投入方面加大了力度,学校建设了一支既爱岗敬业又本领高强的专家型的工会干部队伍,他们既热爱教职工,热爱工会工作,又带头立足岗位建功立业,增强了工会组织的活力、凝聚力、影响力、战斗力,开创了学校工会工作的新局面,进而推动了学校各项事业向前发展。

践行初心谋发展 砥砺前行为人民
——记学校第二届工会委员会主席、党委书记秦裕辉

人物名片:

秦裕辉,男,1962年出生,湖南武冈人,中共党员,二级研究员,主任医师、教授,博士生导师,湖南省名中医,享受国务院特殊津贴专家。2012年任学校第二届工会委员会主席,2017年任湖南中医药大学(湖南省中医药研究院)党委书记。兼任世界中医药学会联合会中医教育分会副会长,中华中医药学会海外中医药师注册认证工作委员会副主任委员,湖南省科学技术奖励委员会委员,湖南省中医药和中西结合学会副会长,湖南中医药大学学报主编等。

他长期从事中医五官科临床、中医药科研及中药新药开发。临床上先后跟随刘大松、肖国士、李传课、魏湘铭等多位湖湘名老中医学习中医五官科的临床经验和专业技能,融汇各家所长,灵活地运用于临床诊疗工作中,尤其在眼底病、角膜病、青少年近视、过敏性鼻炎、鼻窦炎、耳鸣耳聋等疾病上疗效独特显著,深受患者好评,成为湖南中医五官科界名医。

他善于遵循中医药自身特点和发展规律,充分利用现代科学技

术和方法，推动中医药创造性转化、创新性发展。获得国家、部省级、厅级成果奖18项，其中"中药超微粉体关键技术的研究及产业化"获国家科技进步二等奖，"单味中药超微饮片的研制与开发""湖湘中医眼科名家学术思想和临床经验的整理、传承与推广"获湖南省科技进步一等奖，"2型糖尿病并发症'虚、瘀'病机实质及中医药干预的系列研究"获教育部科技进步二等奖，"眼疲宁口服液治疗眼疲劳的实验与临床研究""中国侗族医药研究"获湖南省科技进步二等奖。成功开发了双丹明目胶囊、古汉养生精片、牛黄上清胶囊等中药新药3个（其中双丹明目胶囊系国内第一个专治糖尿病视网膜病变的中药新药），研制出滋肾明目胶囊、眼疲宁片等医院制剂2个，获得中药超微饮片等国家发明专利8项。出版《中医眼科全书》《中医眼科临床手册》《全国中医眼科名家学术经验集》《五官科手册》等著作27部，在国家及省级刊物发表学术论文130篇。

做为湖南中医药大学的"领头雁"，秦裕辉一直秉持着"授业济世，敢为人先"的湖中大精神，以习近平新时代中国特色社会主义思想为指引，不断从中华优秀传统文化和湖湘中医药文化土壤中汲取营养，积极响应创建国家中医药综合改革示范区的统一部署，坚持全面贯彻党的教育方针，坚持完善立德树人体制机制，坚持强化新时代高等学校党建工作，近几年出版党建理论著作《信仰的力量》和《榜样的力量》，系统回顾总结了湖南中医药大学加强党的建设工作经验。带领全校师生向着"同类一流、国际知名、中医药特色鲜明的高水平教学研究型大学"的发展目标攻坚克难、砥砺前行。

优秀事迹：

一、出生小县城，胸怀大理想

20世纪60年代，由于物质和医疗资源的极度匮乏，在广大的农村地区，当地的赤脚医生是保护农村居民健康的第一道防线。那个年代，一位赤脚医生往往担负着成百上千户家庭的健康保障重任。他们背着药箱，骑着自行车，行走在田埂上，穿行在小巷间，凭借主动上门诊疗及精湛医术备受百姓的喜爱和尊重。当时武冈城里有个学徒出身的中医王仁能医师，就是这样一个好中医，与他家交往密切，耳濡目染之间，秦裕辉对中医比较感兴趣，也崇拜医生这个职业，心中埋下了以后要当医生的梦想。

1977年恢复高考的政策给当时无数的年轻人以奋斗的希望，通过知识来改变命运。经过自身的不懈努力和对梦想的坚持，1979年，秦裕辉顺利考上大学，在填报志愿时他毫不犹豫地将湖南中医学院作为第一志愿，踏上了向往已久的医学之路。面对着博大精深的祖国医学，他始终保持严谨认真的态度，脚踏实地，勤奋学习。他深知中医学不同于其他学科，它更多来源于长期医疗实践，来源于前人的总结，中医药学是中国传统文化的重要组成部分，蕴含着丰富的内涵。所以在1983年学校试行跟师专科实习改革时，他第一个报名师从武冈市中医院刘大松先生专习眼科，学到不少实用的临床知识和专业本领。1984年大学毕业留在学校第二附属医院眼科工作，跟随肖国士老师读书、临床、写作，各方面知识和能力得到很大提升。为了能有更多的学习机会，1987年他考取湖南中医学院中医眼科硕士研究生，跟师全国知名中医眼科专家李传课教授学习深造，以进一步提升自己的诊疗水平。

每当回忆过往，老一辈中医名家们的心传口授依然历历在目。注重整体观念，强调辨证论治，这些中医智慧让秦裕辉对它有着无限的热爱和着迷。说起西医和中医的差别，秦裕辉经常谈到，几千年传承下来的中医文化是必须得到尊重的，应当被永久传承。他认为中医强调整体，强调天人相应和自然之法，认为万事万物都在变化中运动,应该以变化的眼光来看问题,而掌握变化的规律是中国传统文化的智慧和根本精神,这些都是西医所不具备的特点。现在总有些否定中医的声音,实际上是对中国传统文化的否定。他表示,作为新时代中华文化伟大复兴先行者的中医药,面临前所未有的大发展时期,一定要抓住机遇把中医药传承好、发展好,让中医药走向世界。

二、潜修小专业,成就大学问

秦裕辉常说,要成为一名好医生,一定不能脱离临床。医生只有在临床中摸爬滚打锻炼自己,才能更加深刻地敬畏生命,才能有机会成长为一位中医大家。在他近四十年行医生涯中,自己始终奋斗在临床一线,坚守在患者身旁。每周定期的专家门诊,更是雷打不动,来自全国各地的患者络绎不绝。

诊疗中,秦裕辉非常重视医理与临床相结合、辨病与辨证相结合、继承先哲与推陈出新相结合。他提出外障首辨六淫及病位、内障重视七情及脏腑、重视辛温发散、注意顾护脾胃等学术观点,认为中医眼科学为集内、外科之大成的学科,在中医整体观念的思想指导下,运用八纲、脏腑、经络、六经和三焦、营卫、气血的辨证方法,与内科等同;外治包括手术、外用药及针灸等方法,亦近似外科。所以中医眼科医师不仅需要扎实的中医理论知识,更需要过硬的中医内科和中医外科临床基础和技能,遇病必须仔细认真探明究竟,才能正确地在整体观念的思想指导下进行辨证论治,才能发扬中医眼科学的特色,不断取得较好的疗效。

他善于在临床工作中发现问题、总结问题、研究问题,把临床和科研有机结合,开拓科研思路,解决临床困境。例如他从古方二至丸得到启发,以发病率越来越高的糖尿病视网膜病变为突破口,从实验和临床两方面入手，以糖尿病视网膜病变中"血管生长因子"和"视网膜周细胞"两大关键对象为基点，揭示其作用特点与规律，研制了国内用于治疗糖尿病视网膜病变的第一个中药XI类新药"双丹明目胶囊"（国药证字Z20080040），并进行了长达20年的多中心、随机、双盲、对照的Ⅱ期、Ⅲ期、Ⅳ期临床研究。结果显示双丹明目胶囊具有良好疗效，无明显不良反应，在国内多家医院进行推广，取得较为显著的社会效益及经济效益，为糖尿病视网膜病变的有效防治提供了新思路、新方法，影响深远。

三、小而言之为师生，大而言之践初心

为中国人民谋幸福、为中华民族谋复兴是中国共产党的初心和使命。作为学校的党委书记，秦裕辉深知，实现党的初心使命需要每个共产党人立足本职岗位，默默地奉献、奋斗乃至牺牲。湖南中医药大学是湖南中医药高等学府，上万名师生承载着湖南中医药传承创新发展的希望，承担着湖南中医药卫生事业的重任，进而承载着中国中医药教育和卫生事业传承创新发展的希望。"几度春秋、多少奋斗，成就了今天的湖南中医药大学。"在新生开学第一课上，回顾湖南中医药大学半个多世纪的发展历程，从踏入湖南中医药大学的校门开始，到就任大学工会主席、校长、党委书记，在此度过了四十余载岁月的秦裕辉感慨良多，对学校工会工作更是有着一种难以割舍的情结。

这种情结来源于秦裕辉对学校发展蓝图的构想，来源于对广大教职工和学生的热爱，来源于对新时代高等学校工会地位和作用的深刻认识。紧紧围绕学校主业，充分调动教职工的积极性、主动性和创造性，坚持把工会工作摆上重要日程，纳入办学格局和办学体系中，全心全意依靠教职工办学，才是学校良性发展的关键所在。

从学校工会主席到学校校长、党委书记，一路走来，多年的大学党政工领导工作，练就了秦裕辉敏锐的政治观察力和鉴别力，培养了他对教育、对教职工的亲民爱民情怀，使他对工会工作的地位、作用有着独到的认识和理解。他深知，作为一所医科大学，首先应该传递爱的情怀，只有学校深爱自己的教职工，教职工才会深爱学生，学生才能深爱专业、走向社会后，才能深爱患者。无论是主持工会工作，还是主持大学党政工作，他始终以人为本，以学生为主体，以教职工为中心。大到关系学校改革发展的重要举措、重要制度出台，校务公开工作和职工当家作主，小到职工生病住院，他都亲自操劳。

2012～2022年是学校坚持执行教职工代表大会制度最好的时期，也是学校工会工作快速发展的时期。2015年，他牵头制定了《湖南中医药大学教职工代表大会实施细则》和《湖南中医药大学校务公开管理办法》，学校每年开学之初定时召开教职工代表大会和工会会员代表大会，向职工报告学校年度工作情况、财政收支、工会工作情况。对涉及教职工切身利益的重大事项、重大改革措施、重要制度，他都督促行政和工会充分听取教职工的意见，切实维护教职工的民主权利。2013年，他主持学校工会工作时，加强教职工劳动保护，建立并制定了《湖南中医药大学教职工大病医疗互助基金管理办法》，使教职工实实在在得到学校改革带来的实惠；随后，他又根据实际情况，听取并采纳了大多数教职工的意见，两次下调报销大病医疗自费费用门槛，深受教职工的欢迎。他多次带队前往病房慰问生病住院的教职工；为了解决教职工子女入学问题，他通过各种渠道奔走、呼吁，终于让孩子们进入名校周南实验学校就读。他关心青年教职工的婚恋、生育问题，关心退休职工的心理，督促工会根据上级政策，制定了《湖南中医药大学工会工作规定》，建立了国家法定节日、教职工生日、结婚、生育、生病住院、直系亲属逝世、教职工退休等十项工会福利慰问制度，深受教职工赞誉。他密切联系教职工群众，学校工会举行的文体活动，如"校园健步走"、庆"三八节"女职工活动、长途毅行活动，他都积极参与，并以此作为深入职工群众的良好机会，倾听教职工对学校的意见和建议。学校工会的系列举措，学校校领导的积极参与，推动了工会工作向前发展，进一步提升了学校工会的地位。

他高度重视师生员工的切身利益和期盼诉求，大力改善校园环境，建设美丽校园；大力推进"两水一电"进学生宿舍，切实改善学生生活条件；大力实施后勤社会化改革，食堂环境条件得到明显提升；大力提升职工福利待遇，职工幸福感、获得感进一步提高。

他重视学校师资队伍建设，认为师资队伍建设是关系高等学校改革发展的基础性、长期性、战略性工程，一流的大学必定是一流的人才高地。不论是担任大学校长还是党委书记，秦裕辉都坚持以习近平总书记关于做好新时代人才工作的重要思想和党和人民满意的"四有"好老师标准为指引，抢抓国家大力扶持中医药事业发展及湖南省建设国家中医药综合改革示范区的重大战略机遇，深入贯彻落实中央和省委人才工作会议精神，遵循中医药人才成长规律与培养特点，坚定不移地推进实施人才强校战略，引才聚才用才政策措施不断创新、力度不断加大，学校教职工的归属感日益增强，为大学的可持续发展提供了坚强有力的人才支撑和智力支撑。

近三年来，新冠肺炎疫情暴发，中医药湘军作为一支抗疫的重要力量，在国家重大抗疫战略中发挥了"革命军中马前卒"的先锋作用。学校先后派出上千名医护人员前往武汉、黄冈、上海、长春、西藏支援，医疗队每一次出征，秦裕辉书记都前往车站送行，对医护人员一句"尽职尽责，平安回来"的嘱咐，饱含对职工的厚爱、对人民的深情，送行场面感人泪下。

学校贯彻落实党的脱贫攻坚和乡村振兴战略部署。七年来，学校对口支持三个贫困村，这一时期，秦裕辉主持学校党政工工作，从谋划对口扶贫村的基础设施建设，到驻村干部的配备、村级党组织建设，从谋划贫困村的产业发展增加造血功能，到组织本校教职工捐款为贫困村输血，从全村脱贫到他本人对口援助的村民脱贫，他走了多少乡村泥泞小路，度过了多少不眠之夜，学校工会知道，学校教职工知道，贫困村的人民知道。

从抗击新冠肺炎疫情到精准扶贫，从一流本科专业建设到学校国际化发展，从打造课程思政品牌到维护教职工合法权益，工会在学校全面提升质量为核心的内涵发展中发挥着不可替代的作用！

一分耕耘，一分收获。在校（院）党委的大力支持下，通过积极探索与推进工会工作持续创新和发展，湖南中医药大学工会工作取得了显著的成绩。近六年来，学校工会连续获得湖南省教育工会"目标管理先进单位"荣誉称号；工会财务连续获得湖南省教育工会"工会财务管理先进单位特等奖"；学校二级学院实验室和分工会分别获湖南省总工会"工人先锋号"、"芙蓉标兵岗"等荣誉称号；学校工会与教师教学发展中心每年都会联合举办青年教师教学竞赛，近三年来，学校选拔的60多名教师分别在湖南省教育厅、湖南省委宣传部、国家教育部举办的教学竞赛中获奖。

秦裕辉表示，目前，中医药发展进入大有作为的新阶段，大学党委将继续加强对工会的领导，党政班子将一如既往地重视、支持工会工作，动员广大教职工立足岗位建功立业，推动湖南的中医药教育卫生事业健康快速发展，为国家的中医药事业发展和健康中国建设贡献湖南中医药大学的智慧和力量。

潜心耕耘　做党和人民满意的好老师

——记学校第二届工会委员会委员、湖南省教书育人楷模卢芳国

人物名片：

卢芳国，女，汉族，1961年出生，医学博士，中共党员，医学院教授、博士生导师、博士后合作导师。湖南中医药大学第二届工会委员会委员。全国优秀教师，全国首批教育世家家庭代表，国家级课程思政教学名师和团队负责人，全国首批线上一流课程负责人，享受国务院政府特殊津贴专家，湖南省教书育人楷模，湖南省芙蓉教学名师，湖南省首届优秀研究生导师，湖南省第十一次、第十二次党员代表大会代表，湖南省研究生优秀教学团队负责人，湖南省高等学校科技创新团队负责人。2018年任世中联中医药免疫专业委员会副会长，2021年任世中联中医药抗病毒专业委员会副会长。

她长期奋斗在教学一线，爱岗敬业、忠诚奉献、为人师表、爱生如子、言传身教，是新时代高等学校党员教师的优秀代表，是"立德树人"的先进典型。2011年获评湖南省委教育工委"湖南省普通高等学校优秀共产党员"称号，2019年先后获评为湖南省教育厅"湖南省芙蓉教学名师"、教育部"全国优秀教师"、湖南中医药大学"三八红旗手"称号，2021年入选湖南省教书育人楷模、国家级课程思政教学名师、全国首批100个教育世家。

优秀事迹：

一、扬清廉家风，抱鸿鹄之志

1962年，卢芳国出生在湖南浏阳市的一个小村庄，父母都是乡村教师。"那个年代农村生活很艰苦，设施也很简陋。父母带着学生们搬砖头、木板、架桌椅，每天清晨起来为学生烧茶热饭，就这样

勤勤恳恳地在山区坚守了30年。"卢教授经常回忆父母的一言一行，春风化雨般洒在卢芳国心田里，一颗清廉的种子悄然萌芽。

卢芳国家风勤俭低调。在她的记忆里，无论是长辈大寿，还是子女婚嫁等人生大事，都是自家人关起门来悄悄庆祝。姐姐出嫁时，父母以防街坊邻居来送礼庆祝，趁着天还没亮，就把姐姐送出了家门。

从小的教育使然，勤俭节约的生活作风在卢芳国脑中根深蒂固。在穿着方面，她从不多加修饰。齐耳的短发、褐红色的半框眼镜、朴素的深色西装……无论是在课堂上，亦或是生活中，卢芳国给人的印象都是朴实又亲切。"新三年，旧三年，缝缝补补又三年"，这是母亲经常教育她的话。在卢芳国的印象中，小时候都是姐姐穿母亲的衣服，然后她穿姐姐的衣服，一路穿下来，家中的大部分衣服都打过补丁。静以修身，俭以养德。时至今日，卢芳国的穿着中仍旧不乏父母的衣物，从不讲求品牌。在她眼里，衣服上的补丁承载着父母的谆谆教导，是一笔宝贵的"财富"。

"成为一名老师"是卢芳国自小的梦想，也是父母对她的殷切期望。孩提时期，母亲手把手地指着拼音表，逐个音节教她，纸笔不够，母亲就带着她在家门口走廊的泥巴地上，用树枝一笔一画地教她写字。受教于父母，中学时期，每逢寒暑假，卢芳国都会教村子里的小朋友读书、写字。

二、精心授业，以教改提质

1982年大学毕业后，卢芳国的老师梦梦想成真，她踏上了神圣的讲台。40年里，她爱岗敬业、言传身教、立德树人，成为师生心口相传的好老师。先后承担湖南中医药大学本科生、研究生《免疫学基础与病原生物学》等十余门课程教学。在教育教学实践中，注重因材施教，勇于创新、勇于探索，成效突出，在国内同行领域中具有较高的学术威望。先后主持课程思政改革等教研课题20项，获湖南省教学成果二等奖、三等奖等14项，主编、副主编全国高等医药院校规划教材等38部。2008年带领团队率先研发卫生部基础医学课程电子音像规划教材，开辟全国中医院校研发卫生部电子音像规划教材之先河；2009年实现全国医药院校《免疫学基础与病原生物学》省级精品课程的零突破；2014年在国内首次以专题形式开出公修课《病原生物与人类健康》；2015年以病案讨论形式在国内率先开出专业基础课《临床病原生物》；2016年、2017年、2018年，高质量完成国家级数字化教材、省级高校名师空间课堂、省级在线开放精品课程的建设。2019年，她带领团队查阅医学书籍100余本，深入研究古今中外医学典范，历经2年，编写出版了《医学生必读育人故事50例》，将思想政治教育有声有色地融入书本。2020年，主持建设获批全国首批线上一流课程1门，并实现全国医药院校《免疫学基础与病原生物学》国家级在线开放精品课程的零突破；她带领全国15所高等医药院校专家在国内率先主编与推广课程思政特色教材2部，并将花费2年时间精心主编的移动交互式数字教材《免疫学基础与病原生物学》参加"抗疫"公益活动，疫情期间免费下载该教材学生人数达1.3万余人次。2021年，主持建设的《免疫学基础与病原生物学》获批全国课程思政示范课程。

三、超越自我，做榜样示范

作为一名遗传学的本科毕业生，卢芳国在开展中医药科研工作中深切感受到了医学知识和中医药知识的重要。于是，她利用业余时间开始自学并跟班听课，成为了师生眼中"最大牌的旁听生"。那时全校师生经常看到她身上带着两个包，一个装自己听课用的书籍，另一个装给学生上课的教案，有时一二节课还是站在讲台上给同学们授课的老师，三四节课又成了跟学生们一样坐在讲台下面听课的同学。

中医学基础、中医诊断学、中药学、方剂学、伤寒论选读……在她30～35岁的这5年时间里，卢芳国把中医药方面的课程全都听了个遍。"我要在中医药方面进行科研的话，我必须有这些知识，并把这些知识融会贯通。"在35岁的时候，卢芳国终于学有所成，完成了生物学向医学的转换，自此她一边授课，一边开始尝试着报医学相关课题，做中医药科研工作。

但卢芳国并不满足于此。2005年已是教授、硕士研究生导师的她，做出了一个大胆而又坚决的决定——继续考博。大家都不太理解，尽管当时身体和精力已不能跟年轻人比，但她凭借着自己坚强的毅力和决心，整整准备了三年。三年时间里，她每天早上六点就开始背英语单词，临坐车上班前，还要抄写20个单词在小纸条上，在校车上背。就这样年复一年，日复一日，她突破了自己的英语听力和口语两道硬坎，47岁时再次跨专业成功考取了她自己并不擅长甚至可以说是全新的中西医结合临床专业博士研究生，成为了当时国内罕见的大龄女博士。

"我想趁这次考博，把中医学、中西结合医学等跟我科研有关的知识进行梳理、补充，并实现融会贯通、提升，在新的领域再一次挑战一下自己。"

从生物学到中医学，从中医学又跨越到中西医结合医学，卢芳国一次次毅然选择自己的短板，突破自己，挑战自己，跨越自己！很难想象，当时她已是忍受肩周炎、颈椎病、卵巢功能衰退等各种慢性疾病折磨近10年的女性。

即使如此，卢芳国废寝忘食地工作，坚持一边学习、一边授课，利用业余时间指导大学生参加课外科技作品竞赛300余人次，获国家级、省级课外科技竞赛等奖励35项。2012年，为完成省级精品课程"全程录像"，避免杂音干扰，她带着团队深夜拍摄教学录像，有时一拍就是七八个小时，腰酸背痛、站立不起，总是由学生搀扶着走出实验室。2018年、2020年、2021年，她以惊人的毅力，成功完成了省级、国家级线上一流课程和课程思政示范课程的申报并成功获批。

四、传道解惑，展仁爱之心

2017年12月，在学校党委、组织人事部和学生工作部的大力支持下，作为负责人她创建了湖南省首个高校党代表工作室，并依托党代表工作室全面开展教书育人工作。多年来一直坚持与学生们开展谈心谈话，就学业、考研、情感、家庭等方面为学生排忧解难，引导学生"有话向党说、有难找党帮"，先后帮扶教育学生200余人次。在谈话过程中，结合人类与感染性疾病斗争的典型事迹，对来访学生进行价值观引导，帮助学生树立正确的人生观、价值观。曾有一名学生因家庭变故而意志消沉，卢芳国老师主动与她谈心，为了能多开导她，便邀请她一起晨跑，尽管她自己并不喜欢跑步。坚持一个多月后，这名学生走出阴霾，成功考上了研究生。卢教授经常说，"谈心谈话最要心力，也最要真情。尽管每次谈完话后，常感觉身心疲惫，有时甚至彻夜不能入眠。但只要学生有需要，我就会一直坚持！"

2020年新冠肺炎疫情期间，为方便学生学习，她将历时2年主编的移动数字教材投入"抗疫"公益活动，全国免费下载1.28万人次，并将主持建设的2门网络课程提前免费开放，惠及近10万人学子，互动达80余万次。为培养学生的担当与奉献精神，她率领老师和党代表工作室助理夜以继日地研制"医学育人故事"微视频28例，声音嘶了，停一会；脚抖了，坐一会；肚子饿了，啃几口面包……内容包括"抗疫"传奇战士——钟南山，诺贝尔奖获得者——屠呦呦，医中之圣——张仲景，等等。该系列视频通过全球大型课程服务平台（智慧树）在国家级线上一流课程推广，全国免费共享，广受好评。

尽管卢芳国教授身兼数职，教学、教改、科研任务、党代表工作室的学生心理辅导等任务非常繁重，还要忍受病痛的折磨，但她没有忘记自己作为学校工会委员会委员的身份与职责，并将"四有"好老师的"经师"与"人师"之道带往工会工作中。她为人正派，工作勤勉，除了按时参加学校工会的各种会议和各种活动以外，还利用业余时间进行调查研究，为改善教师的工作条件、为加强实验室建设、为提高工会的凝聚力，多次提交代表提案，反映教职工的意见，传递教职工的心声。积极参加女职工的活动，并多次为女职工发声代言，维护了女职工的特殊权益。她还多次到学校党校、学生党支部等开展党性知识讲座，宣讲党章知识和党的十九大、十九届五中、六中全会精神，结合自己的经历就"如何结合本职工作加强师德师风建设""如何做党和人民满意的好老师"开展专题讲座。她多次配合校工会参与分工会的年度考核、参加工会评先评优会议，办事公道，是教职工信得过的"娘家人"。

玉壶冰心，铸魂育人。40年里，卢芳国教授潜心耕耘中医药教育园地，一直坚守在平凡的教师岗位上，用心、用情、用爱、用学识报恩党、报答人民，她是学校领导和职工心中党和人民满意的好教师。

春华秋实立榜样　岗位建功守初心

——记学校第三工会委员会委员、工人先锋号负责人、长江学者王炜

人物名片：

王炜，男，1972年出生，湖南常德人，中共党员。湖南中医药大学教授、博士研究生导师，长江学者特聘教授，国家千百万人才工程入选者，国家有突出贡献中青年专家，湖南省芙蓉学者计划特聘教授，现任湖南中医药大学药学院院长、创新药物研究所所长，学校第三届工会委员会委员，湖南省总工会"工人先锋号"团队负责人。2006年博士毕业于北京大学，2007—2011年于美国密西西比大学从事博士后研究工作，2011年年底回国于湖南中医药大学任教。

业务上主要从事中药药效物质基础、中药活性筛选新方法、中药活性成分靶向增效等研究工作，主持国家自然科学基金、国家863计划课题和国际合作课题多项，先后在国内外期刊发表中英文学术论文200余篇，获授权专利10项。

担任Karachi University、Walailak University、澳门科技大学、温州医科大学、长春中医药大学、陕西中医药大学、西南民族大学等高校的客座教授或特聘专家，柳州市政府顾问。国际期刊Current Traditional Medicine、Current Chinese Science Current 主编，Medicinal Chemistry、Current Cancer Drug Target、Chinese Herbal Medicine、World Journal of Traditional Chinese Medicine等期刊编委。中华中医药学会中成药专业委员会副主任委员、中国民族医药协会民族医药教育专业委员会副会长、湖南中医药民族医药专业委员会副主任委员、湖南省药学会天然药物分会副主任委员。

优秀事迹：

一、以人为本，坚持以职工为中心的工作导向

维护教职工的合法权益，竭诚服务教职工是高校工会工作的出发点和落脚点。作为药学院院长，王炜秉承以职工为中心的工作理念。他理解和尊敬每位教职工，处处维护职工，特别是关心和爱护青年教职工，在生活和工作上给予关照。为凝聚教职工力量，丰富和活跃职工业余生活，他定期组织职工开展各种活动，牵头组织并成立药学院"神农太极足球队"；组织院内职工开展优秀书法摄影评选工作，并评选出一批优秀作品；制作节日小视频开展送温暖活动，每逢节日都会制作节日问候小视频，通过院职工群加以推送，让全体会员能够体会到"娘家人"的关心和问候。

作为一名中医药专家和二级学院负责人，王炜的教学、科研、管理任务非常繁重；但他有一种天然的工会情结，他乐意坚守工会初心，维护与服务教职工。作为学校工会委员会委员，王炜恪尽职守，学校工会组织的工会委员会会议、工会委员会扩大会议、教代会、工代会、专题会议、文体活动、工会干部培训、实地考察调研等活动，除非与上课冲突，他无一缺席，全程参与，并尽职尽责。他热爱学生，学校工会组织为优秀贫困大学生捐款，他们夫妇带头捐款5万元，为学校教职工树立了榜样。他热爱人民，在专注研究中医药民族医药的同时，他带领团队响应和参与国家精准扶贫政策，深入田间地头，为湖南省洪江市、宁远县的农民充分利用当地资源，实施中药种植产业脱贫策略，1192户贫困家庭共计4155人成功脱贫，受到当地百姓的好评。为了抗击新冠肺炎，他与附属医院合作，研制防疫中药汤剂。他的行动彰显了一名工会工作者扶贫济困的阶级友爱，彰显了一名共产党员的为民情怀。

二、不忘初心，履行立德树人的教育使命

动员教职工立足岗位建功立业，是高校工会工作的主题。王炜认为，作为高校教师，要有渊博的专业知识、高超的教育教学能力，才能成为开启学生的智慧之门，回答中国之问、世界之问、人民之问、时代之问的"经师"。立德树人，才能成为师之典范。作为一名高校教师，王炜时刻坚定教书育人的理想信念，不断提高师德师风水平，牢记为党育人、为国育才的初心使命，努力成为助力学生健康成长、人生出彩的"人师"。

王炜一直坚持给本科生上课，不仅给他们讲授专业知识，还鼓励他们走出国门、博学多才，然后回来建设祖国。在教学过程中把"爱国情、强国志、报国行"融入国家建设和民族复兴大业中。我校"优本生计划"就是为有出国意愿的本科生搭建的桥梁。在教学中，他甘当学生成长路上的梯子，将学生送到理想的高峰，让学生成为全面发展、具有家国情怀的杏林追梦人。

回国十余年来，王炜培养了一批德才兼备的研究生，共计80余人，学生的思想品德和专业技能得到大家认可。他带的研究生中有优秀共青团员干部1人，优秀共青团员2人，优秀党员2人，优秀学生干部、援疆干部1人，获得研究生国家奖学金十余项、其他奖学金共28项，6篇省级优秀硕士毕业论文。他的研究生陈艳娇研究的青钱柳，成果写入上海科技出版社的规划教材《中药化学》，苏维同学有关血筒的研究成果写入人民卫生出版社的规划教材《波谱解析》。

三、科研兴国，坚守中医药事业的执着追求

回国工作后，王炜一直从事湖南土家药的科研工作，希望通

过研究土家药为湖湘百姓找到治病救人的新机制。在中医药科研工作中,他告诉学生:一定要增强自信,勇攀高峰,深入发掘中医药宝库中的精华,充分发挥中医药的独特优势,为建设健康中国、实现伟大的中国梦,贡献自己的一份力量。他常对学生说,科研不是为了简单的发表论文,要将科研成果应用到祖国发展和建设中去。

中医药文化是我国的瑰宝,王炜创建的湖南省国际联合实验室不断成长,构建了成熟的科学研究体系,积极承担起对外宣传中医药文化、提升中医药民族医药研究国际声誉等工作。围绕国家"一带一路"倡议,他们与巴基斯坦卡拉奇大学建立了长达8年的合作并取得优成绩。期间,"中巴传统医药研究中心""中巴中医药民族医药研究国际合作基地""Atta-ur-Rahman一带一路传统医药研究院士工作站"和"中巴中医药临床研究中心"相继成立,银黄清肺胶囊在巴基斯坦临床实验成功,成为首个进入巴基斯坦的中成药;双方合作研究并发表SCI论文42篇。在他们积极协助下,Atta-ur-Rahman院士获得了2019年度中国科技部国际科技合作奖。2016年首次执行国家科技部"发展中国家杰出青年科学家来华工作计划"以来,为"一带一路"国家成功培养了"国际杰青(科技部)"6人,为进一步推广中医药学术交流与中医药文化奠定了坚实的人才基础。

对于王炜教授而言,教书育人、科研报国、服务人民是他的梦想和追求,追梦永远在路上。取得的成绩为他的辛苦和付出给了一个温暖的拥抱,也给了他"砥砺奋进再出发、扬帆起航续华章"的底气和动力。怀着报效祖国的责任和使命,王炜教授带领他的团队将不忘初心,继续前行。

忠诚教育事业　当好工会"娘家人"
——记学校第二届工会委员会委员、湖南省首届优秀研究生导师岳增辉

人物名片：

岳增辉，男，1966年7月生，中共党员，二级教授，医学博士，博士研究生导师，学校第二届工会委员会委员，现任湖南中医药大学针灸推拿学院院长，党委副书记。国家级一流专业针灸推拿学专业负责人，湖南省优秀科技工作者，湖南省中医药科技领军人才，湖南省首届优秀研究生导师，湖南省学位与研究生教育管理先进个人，湖南省"225"医学学科带头人，湖南省普通高校学科带头人，湖南省优秀青年骨干教师；国家自然科学基金、教育部博士点基金、中国博士后科学基金评审专家；湖南省针灸学会副会长，中国针灸学会教育分会副会长，中国针灸学会穴贴专委会副主任，世界中医药学会联合会真实世界研究专委会副会长；中华中医药学高素质人才能力提升视听工程项目针灸推拿学评审委员会副主任委员，高等学校中医学类专业核心课程《刺法灸法学》课程联盟副理事长。

优秀事迹：

一、服务工会工作，增强职工幸福感

岳增辉教授曾于2014年12月至2018年5月担任学校第二届工会委员会委员，积极参与大学工会的各项工作，认真完成大学交给的各项工会任务，尽心尽力为全校职工谋福利。

2014年12月至2016年12月在大学科技开发公司任总经理期间，积极组织全体职工前往湘西矮寨、湘南崀山、湘北洞庭湖、毛主席故居、任弼时故居、杨开慧故居、彭德怀故居等开展工会活动，既

参观了祖国的大好河山，又受到革命传统教育，陶冶了职工的情操。积极挖掘公司潜力，开展增收节流活动，增加职工的福利，2年内每位职工人均增加4万元的福利，增强了职工的获得感、成就感。

2017年1月至2022年9月在大学针灸推拿学院任院长、党委副书记期间，积极支持学院分工会的工作，组织全院职工开展各项工会活动。除坚持"三八妇女节"全院自助聚餐、元旦离退休教职工慰问会、新年包饺子等学院传统活动外，还开展丰富多彩的工会活动：组织全院职工前往耿飚故居、郭亮故居、湘乡东山学校、陈赓故居实地参观学习，追随伟人足迹，赓续红色血脉，传承革命精神。开展女职工趣味运动会、乒乓球比赛、女职工健康知识讲座以及慰问生病、生育职工等多项工会活动，增加了全院职工的凝聚力。针推学院分工会先后获得大学工会2016—2018年度、2019—2021年度"先进分工会"荣誉称号。

二、致力教学科研临床，立足岗位建功立业

岳增辉教授从事针灸教学、临床、科研34年，主讲针灸推拿学专业课《刺法灸法学》《经络腧穴学》等本科及研究生课程。长期坚持"针刺缓解脑卒中肢体痉挛"及"隔药饼灸防治高脂血症、动脉粥样硬化"等方面的研究。近年来主持国家973计划课题1项、国家自然科学基金4项、国家科技支撑计划子课题5项，部、省、厅级课题15项；获教育部科学技术进步奖二等奖，湖南省科技进步奖二等奖、三等奖，中华中医药学会科技奖二等奖，中国针灸学会科技奖二等奖、三等奖等8项，省级教学成果奖2项；获授权国家发明专利3项，实用新型专利27项；发表学术论文200余篇，其中第一作者及通讯作者130篇；主编全国中医药行业高等教育"十四五"规划教材《刺法灸法学》等教材及专著12部、副主编8部；兼湖南省省

级一流本科课程《刺法灸法学》、《青年红色筑梦——艾灸行实践课》负责人；被聘为《湖南中医药大学学报》《环球中医药》杂志编委。近年来先后前往美国、澳大利亚、俄罗斯、英国、爱尔兰、土耳其、法国、德国等进行学术交流。

三、甘为人梯提携后生，言传身教率先垂范

岳增辉教授2007年始担任硕士研究生导师，2014年担任博士研究生导师，培养博士、硕士研究生66人，其中博士后1人，统招博士10名、境外博士7名、硕士48名、已毕业48名。有25人获国家优秀研究生奖学金，11人获湖南省优秀博士、硕士学位论文奖，13人获湖南省研究生科研创新项目。被评为湖南中医药大学优秀共产党员、湖南中医药大学优秀研究生导师，湖南省首届优秀研究生导师，湖南省学位与研究生教育管理先进个人；兼湖南省研究生优秀教学团队——针灸推拿学项目负责人，湖南省研究生创新创业培养基地负责人；被评为教育部高等学校中医学类专业教指委——优秀创新创业导师，指导的参赛作品《隔药饼灸推广工作室》获第二届全国中医药高等院校大学生创新创业大赛创意组金奖。

让青春在赛场上飞扬

——记学校第三届工会委员会委员、信息科学与工程学院副院长刘伟

人物名片：

刘伟，男，中共党员，汉族，1982年6月出生，湖南双峰人，中南大学计算机应用技术博士，副教授，高级工程师，硕士生导师，

湖南省普通高校青年骨干教师。学校第三届工会委员会委员，现任信息科学与工程学院党委委员、副院长。中国计算机学会（CCF）会员，美国计算机学会（ACM）会员，湖南省高等教育学会计算机教育专业委员会常务理事，湖南省计算机学会机器视觉与医学影像专业委员会常务委员，湖南省计算机学会理事，中国中文信息学会会员，中国人工智能学会会员，中国中医药信息学会中医药信息教育分会理事，国家认证系统分析师，首批国家认证系统架构设计师。

近年来主持湖南省自然科学基金项目、湖南省教育科学"十三五"规划课题、湖南省普通高等学校教学改革研究项目、湖南省普通高等学校课程思政建设研究项目、长沙市自然科学基金项目、湖南省教育厅科学研究项目、企业横向课题等科研及教研课题20多项，指导国家级大学生创新创业训练计划项目一项、湖南省大学生研究性学习和创新性实验计划项目两项，参与国家自然科学基金项目、湖南省重点研发计划项目等科研及教研课题多项。在国内外期刊发表科研及教研论文80多篇（SCI和EI收录20多篇），以第一作者或通讯作者发表论文50多篇（其中SCI和EI收录10多篇），出版专著2部，主编教材8部，获计算机软件著作权20多项。主持湖南省普通高校省级一流本科课程两门和湖南省普通高等学校课程思政示范课程一门。获湖南省首届"我最喜爱的青年教师"最具学识奖；中国中医药信息大会优秀论文二等奖两项（均排名第一）；第一届全国中医药信息教育中青年教师教学比赛一等奖；湖南省普通高校教师课堂教学竞赛二等奖；湖南中医药大学教学成果一等奖两项（均排名第一）；近年来指导学生参加各项学科竞赛累计达到2000人次，获得省部级及以上奖项300多项，其中国家级一等奖7项，国家级二等奖30多项，省部级一等奖40多项。

优秀事迹：

一、家庭教育铸就爱岗情怀

刘伟出生于一个教师家庭，爷爷和父母都是人民教师。20世纪50年代，爷爷从中等师范学校毕业后开始教师生涯，20多年后他的父母也站上了神圣的讲台。在耳濡目染之中，刘伟对教师这个职业有着非常特别的感情。这份感情，独一无二，伴随一生，一直影响着他站在人生分岔路口时的每一次选择。2014年，他从中南大学博士毕业之后，婉拒了多家企业的高薪聘请，来到湖南中医药大学成为一名光荣的人民教师。凭借出色表现和业绩，2020年5月，刘伟当选为学校第三届工会委员会委员，2021年7月被学校委以信息工程学院副院长重任。

作为一个新时期的工会干部，首先应该坚守一片热土、奉献一片爱心，以身作则、当好表率。刘伟是广大师生眼中的工作能人和工作狂人，对于工作勇敢而又热情。无论是作为一名普通教师，还是担任系部负责人或是学院领导，刘伟都在以自己的教育理念和实际行动影响着周围的每一位老师和学生。他工作认真努力，勤勉敬业，具有很强的事业心和责任心，总能够以满腔热情投入忙碌的工作中，除正常上班时间外，还能够充分利用节假日、周末、晚上等时段为广大师生排忧解难，工作业绩受到广大教职工的一致认可和肯定。

入校后，刘伟以身作则，带领老师和同学们提高计算机相关专业学生的专业认同度和学习积极性，以赛助学、以赛促学。一言一行，化作不灭的火光，点燃一支支火把。无数个周末和晚上课余时间的付出，寒来暑往、日复一日，刘伟与参赛的同学们一起刷题、一起讨论、一起彩排、一起备赛。拼搏的过程虽艰辛，但收获满满。

在过去几年中，他和团队教师一起指导我校学生先后参与各项学科竞赛超过2000人次。在他们的指导下，通过参与各项学科竞赛，同学们的专业技能和综合素质得以提升，参赛学生就业率接近100%，部分学生高薪就职于华为、百度、腾讯、京东、字节跳动等知名公司，也有部分参赛学生保送或考取中国科学院大学、国防科技大学、中南大学、湖南大学等院校硕士研究生。每一份成绩的背后都包含着汗水与心血，但看到同学们的成长和成熟，于他而言，才是征途上最美好的风景。刘伟的个人先进事迹也先后在红网、三湘都市报、湖南教育新闻网、科教新报等多家省内主流媒体报道。

二、乐于分享岗位建功立业

一滴水，只有放进大海才永远不会干涸；一个人，只有融入集体事业才会最有力量。作为一名在高等学校工作的工会干部，刘伟时刻不忘带领教职工同学习、共进步，为学校和工会发展协力前行。

刘伟尽己所能，在专业建设、课程建设、学科竞赛、课程思政等方面不断积累、总结和分享经验，积极为同事们的成长和进步提供有益的帮助，及时为广大教师排忧解难，带领广大师生取得了一个又一个突破。

在学科竞赛方面，作为湖南中医药大学信息科学与工程学院学科竞赛的负责人，积极组建学科竞赛指导团队，规范学科竞赛指导流程，带领团队教师和学生一起为学校取得了一系列成绩和突破，包括在国家级高水平信息类学科竞赛中获奖零的突破和一等奖零的突破、湖南省大学生计算机程序设计竞赛一等奖零的突破、全国中医药院校信息类学科竞赛一等奖零的突破等。2021年1月19日《湖南日报》以题为《"赛"出一片好风光——湖南中医药大学新工科人才培养生动实践》对湖南中医药大学信息科学与工程学院人才培养和学科竞赛等进行了深度报道。在刘伟及其团队师生的号召和影响下,近年来湖南中医药大学在大学生竞赛活动中屡创佳绩。湖南中医药大学在中国高等教育学会发布的2019年全国普通高校大学生学科竞赛排行榜医药类本科院校中排名第八,中医药院校中排名第三;2020年全国普通高校大学生学科竞赛排行榜医药类本科院校中排名第十二,中医药院校中排名第四;2021年全国普通高校大学生学科竞赛排行榜医药类本科院校中排名第八,中医药院校中排名第三,获奖总数达到100项,获奖数量位列榜单第二。

在专业建设方面,积极推进专业的发展,组织教师开展专业培养方案的修订、课程大纲的完善、第二学士学位的申报、一流专业建设点的申报等一系列工作。作为专业负责人,湖南中医药大学计算机科学与技术专业在2020年先后获批校级和省级一流本科专业建设点,2022年获批国家级一流本科专业建设点。湖南中医药大学信息类专业在省内和全国中医药院校中的知名度和影响力大幅提升。

在课程建设方面,组织教师积极开展课程大纲修订、一流课程建设等工作,开展一流课程建设专题辅导,多次邀请校内外专家开展课程建设相关讲座和培训。学院的一流课程建设取得了较为丰硕的成果,刘伟本人主持湖南省普通高校省级一流本科课程两门,另外还建有两门省级一流本科课程和多门校级一流本科课程。

在课程思政方面,作为主讲人,刘伟多次受邀开展课程思政示范课程建设经验分享讲座,2021年7月31日在中国中医药信息大会做课程思政经验分享报告。作为主持人,立项省级课程思政示范课程一门,立项省级和校级课程思政教改课题多项。在刘伟的推动下,学院教师积极参与课程思政建设,主持多项课程思政课题,发表多篇课程思政相关论文。

作为一名工会干部,刘伟积极引领广大老师不断提升业务能力和创新能力,引导大家争创一流工作、一流业绩和一流团队,为党和国家的教育事业做出更多更大的贡献。

三、传承创新培养时代新人

教育是良心的事业，教师是用心的职业，教师也是教育高质量发展的第一资源。作为一名工会干部，刘伟时刻不忘关心新教师的成长和进步。每次看到新进同事，刘伟总会想到曾经的自己，在内心会感激那些曾给予自己亲切关怀指引和真挚热情鼓励的师长和前辈，他也希望自己能够成为新教师成长路上的明灯，带领新同事一起成长。

近年来刘伟指导多名青年教师开展教育教学、科学研究、论文撰写、学科竞赛和教学竞赛等工作。2019年9月至2021年9月，他担任青年教师胡为的导师，为其制定了清晰明确的培养计划，每一份教学文案的设计，每一个科研思路的讨论，每一次教学竞赛前的磨课，每一次学生答辩前的彩排，无不体现出知识和经验在分享中传承、在交流中创新。在考核期内，指导胡为以第一作者发表论文2篇，获湖南中医药大学第三届课程思政教学竞赛三等奖和湖南省高等教育学会计算机教育专业委员会年会征文二等奖，并联合指导学生参加各项学科竞赛获得国家级和省部级奖项20多项，连续三年指导学生获中国大学生服务外包创新创业大赛全国总决赛二等奖（第一指导教师胡为，第二指导教师刘伟），联合指导国家级大学生创新创业训练计划项目一项。2021年9月胡为顺利通过青年教师导师制期满考核，考核结果"优秀"。在胡为眼里，刘伟是追逐的榜样，让他前行之路洒满阳光、充满力量。

道阻且长，行则将至；行而不辍，未来可期。作为一名教育者和工会人，刘伟深知任重而道远，他希望能够成为一束照亮同事和学生前行的光，明亮而皎洁，一直向前。

担立德树人使命　守弘扬文化初心
——记学校第三届工会委员会委员、体育艺术学院副院长龙专

人物名片：

龙专，男，1978年6月出生，中共党员，湖南娄底人，副教授，硕士研究生，现任学校第三届工会委员会委员、体育艺术学院副院长、学院第二职工党支部书记；健身气功七段、健身气功国家级裁判，武术国家一级裁判，健身气功国家级社会体育指导员，"全国优秀社会体育指导员""全国健身气功推广先进个人""全国优秀社会体育指导员"、校级"青苗计划"培养对象、校级"中青年骨干教师"、校级"青年教学标兵"、校级"优秀教师"；中国高等教育学会体育专业委员会委员，湖南省直工委太极拳协会秘书长、湖南省体育科学学会常务理事、湖南省体育科学学会运动养生专业委员会秘书长，担任过全国健身气功比赛裁判长、湖南省健身气功比赛总裁判长、湖南省武术、太极拳比赛副总裁判长等裁判工作。

优秀事迹：

一、履职工会、服务职工

龙专自2010年开始担任体育艺术学院工会文体委员，在此期间，他利用专业特长服务学校教职工。认真履职，积极组织学院教职工拔河、气排球、团拜、有奖征文等文体活动，利用业余时间义务教授职工并推广"八段锦""太极拳""马王堆导引术"，推动全民健身。协助学院领导围绕学院中心工作，开展学校体育运动会，开展教师教学比武，组建科研小团队。分管教学科研期间，积极指导

老师和学生开展创新活动，在其指导下，本院胡思远老师获湖南省青年教师课堂教学竞赛一等奖，并获"湖南省教学能手"；主持学院工作期间，率队参加湖南省思政赛课，李媛团队获二等奖，龙腾团队获三等奖，为履行立德树人使命贡献体育艺术力量。

2020年5月，龙专当选为学校工会第三届工会委员会委员、工会文体工作委员会主任，负责学校工会文体工作。近年来，他根据学校工会年度工作计划，精心策划、组织了教职工环校园健步走、跑步比赛、女职工庆"三八"节手工艺品竞赛、女职工趣味运动会、教职工趣味运动会、教职工气排球赛等大型文体活动。为学校工会多期"八段锦"培训班、"马王堆导引术"培训班担任义务教练，服务教职工健康。作为学校工会委员会成员之一，他主动协助工会筹备学校"双代会"，以教职工代表身份提交体育运动提案，改善学校体育运动设施和条件，并亲自督办，为学校工会的健康快速发展建言献策、履职尽责。

二、立足本职、立德树人

在全校组织各学院成立传统保健体育代表队，每年举行校级传统保健体育比赛，同时，将优秀队员选拔进入校代表队，形成"院—校"梯队机制，为中医药类学生培养传统保健体育技能贡献力量，活跃校园文化氛围。带领湖南中医药大学校传统保健队参加全国比赛获4次团体第一、32项一等奖或金牌、27项二等奖或银牌、30项三等奖或铜牌，其中2013年8月所带队员参加美国纽约举行的第五届国际健身气功比赛获3枚金牌；获湖南省第十四届社会科学优秀成果奖二等奖1项，湖南省第二届民族教育优秀教育教学成果奖三等奖1项，第四届湖南省教育科学研究优秀成果奖三等奖1项，主持省级一流课程3门，专著2部，主编教材3部，参编教材与著作

6部，主持省厅级课题12项，参与课题十余项，在国内外学术期刊发表论文30余篇，发明专利7项。

三、走出校门、传扬国粹

在立足本职工作的同时，龙专还积极服务社会，进行传统保健体育功法社会传播。每年走入长沙市图书馆、诺贝尔摇篮幼儿园、长沙市老年人康复协会等企事业单位科普授课；通过湖南省健身气功协会在全省范围内给健身气功一级社会体育指导员、国家一级裁判员授课，为湖南省传统功法、健身气功传播推广积累骨干人才。受全球孔子学院、国家汉办委派于2016年、2017年、2018年、2019年带队出访韩国、芬兰、爱沙尼亚、挪威、利比里亚、尼日利亚、纳米比亚、菲律宾、马来西亚的14所孔子学院进行文化交流演出与讲座。

关爱"家人"热心服务　邃密医科岗位建功

——记科技创新中心分工会主席、芙蓉学者蔡雄

人物名片：

蔡雄，男，汉族，1976年1月出生，湖南攸县人，致公党员，湖南省"芙蓉学者奖励计划"特聘教授、博士生导师，湖南省"科技创新领军人才"，湖南省121创新人才培养工程第二层次人选。现任科技创新中心分工会主席，大学"双一流"建设重点科研平台——科技创新中心副主任。

优秀事迹：

一、温馨服务解忧难，用心关爱送温暖，幸福"职工之家"

2021年科技创新中心分工会成立，蔡雄当选为分工会主席。分工会成立之初，很多工作迫在眉睫。为了切实履好职尽好责，蔡雄主席自学《工会法》和《中国工会章程》，多次参加大学的工会干部培训班，认真学习党领导工会百年奋斗的历史，学习习近平总书记关于工人阶级和工会工作的论述，了解工会的四大职能和工会工作法律法规，全面了解大学工会的组织架构和责任使命，系统把握大学工会活动的组织程序和要求。在科技创新中心，蔡雄首先致力建立完善的分工会组织，制定工作制度和管理制度，保证工会活动的全面规范开展，保障和维护中心职工的权益。蔡雄秉持"责任担当、尽心服务、关怀备至"的工作理念，深入中心职工当中，积极开展病、丧、困、退教职工慰问活动，给职工生子、结婚送去祝贺祝福，给生病职工送去关怀慰问；协助校工会定期组织中心教职工进行健康检查，为员工办理大病医疗及省总工会医疗、意外伤害等保险，为女职工办理"两癌"保险。落实校工会组织开展的各项活动，积极动员中心教职工为学校教育发展基金会"傅敏铨·唐木林励志奖学金"募捐，组织参加校"奋进新时代、建设双一流"环校园跑主题活动，组织女职工与研究生院、国际教育学院组队参加2022年大学女职工趣味运动会并获得团队第一名，推选工会会员赵洪庆评选为2022年大学工会"优秀工会会员"并受到表彰。领导中心分工会开展教职工文体活动，先后组织教职工到雷锋纪念馆学习、铜官窑古镇春游、洋湖湿地公园"回归自然、拥抱春天"等工会活动，凝聚了中心职工人心，增强了会员的工作积极性。

二、尺竿勤思进、寸台当垒土，"勤学""锻能"方可为师

作为分工会主席，既团结动员教职工立足岗位建功立业，又带头模范践行科研工作者职责。他是香港浸会大学中医药学博士（师从刘良院士），负笈留学美国国立卫生研究院（NIH）从事生物医学博士后研究，学成回归祖国服务母校，在中医药诊疗风湿病与抗关节炎中药民族药研究领域取得创新成果，学术贡献包括创新RA中医病证动物模型，探究"风寒湿三气杂至合而为痹（RA）也"的生物学基础，开拓了"痹证"理论研究新方向，探索了RA发病新机制；首次开展了湖南土家族药物"血筒"抗炎镇痛抗关节炎的药理药效及其机制研究，为湘西北土家族药物的抗关节炎创新中药研发奠定了坚实基础。承担国家自然科学基金面上项目2项及省部级项目7项，第一或通讯作者（含共同）在Am J Respir Crit Care Med（IF 30.53）、ACS Nano（IF 18.03）、J Control Release（IF 11.47）、Chest（IF 10.26）等国际知名SCI期刊发表论文19篇，其中IF＞10分以上4篇，IF>5分以上9篇，获得和申报国家发明专利3项、荣获中华中医药学会科学技术奖——中青年创新人才奖（2020），先后入选湖南省"科技创新领军人才"（2021）、湖南省"芙蓉学者奖励计划"特聘教授（2020）及湖南省121创新人才培养工程第二层次人选（2019）。

三、春风拂地润无声，教书育人天地宽，"德能勤学"育英才

教书育人是高等学校教师的主业。2012年，蔡雄学成归国服务母校，胸怀"中国梦""中医梦"，全心投入教书育人，将"信中医""爱中医""发展中医"等理念融入育中医药英才事业中。结合国外研究生教育的先进理念和国内研究生教育现状，积极采取多种

教育教学方法，将中医药现代研究科学方法、家国情怀教育和国际化专业素质培养、创新能力塑造于一体，倾心培养时代需要的德才兼备高素质复合型中医药国际人才，并取得显著成果。蔡雄获评为湖南省大学生研究性学习和创新性实验计划项目"优秀指导老师"（2015），获选湖南中医药大学"优秀研究生导师"（2020），近5年来先后培养硕士和博士研究生13名，其中省级优秀硕士论文获得者2人、国家奖学金获得者3人、省级创新科研项目获得者6人，以第一作者分别在J Control Release（IF 11.47）、Phytomedicine（IF 6.65）、Arch Toxicol（IF 6.16）、J Drug Target（IF 5.01）等国际知名SCI期刊发表高水平论文，并得到"新湖南"媒体报道。

牢记职责守初心　　立足岗位作奉献

——记学校工会宣传教育工作委员会委员、党政办秘书刘莉

人物名片：

刘莉，女，1986年出生，中共党员，研究生学历，政工师，现任党政办公室正科级秘书，校工会宣传教育工作委员会委员。写作能力强，文笔优美，被誉为学校党政、工会的"秀才"。获全国中医药高等院校党建与思政工作征文一等奖，并代表学校作会议交流发言。撰写的诗歌朗诵《战》，荣获2021年湖南省大学生艺术展演一等奖、全国大学生艺术展演一等奖，个人获优秀指导教师奖，是全国中医药院校中唯一获得一等奖的节目。负责撰稿的《战——湖湘中医战疫力量》获省委组织部组织评选的全省党员教育电视片二等奖。

优秀事迹：

一、坚持"服务第一"，服务工会工作

作为学校工会宣传教育工作委员会委员，近年来，刘莉立足岗位职责，以饱满的工作热诚、扎实的工作作风，主动服务工会工作，积极参与工会活动，较好地完成了各项工作任务，为工会工作和学校事业发展做出了积极贡献。做好了教职工代表大会、工会会员代表大会等工会重大会议的文稿撰写、会务服务等工作，撰写教职工代表大会校长工作报告、起草会议主持词、领导讲话等相关文稿；撰写"新冠肺炎疫情抗疫一线医务人员再助力慰问"物资集中发放仪式、"三八"国际妇女节座谈会、职工健步跑等主题活动相关文稿，得到了领导和校工会的肯定和认可。获评2019—2021年度湖南中医药大学"优秀工会会员"。

二、坚持"守正创新"，提升工作质量

精益求精高质量办文。撰写学校各类重要会议领导讲话稿200余篇，撰写党代会党委工作报告、双代会校长工作报告、学校年度工作总结和工作计划等学校党委、行政各类综合材料、汇报材料等100余篇；撰写向省委省政府有关领导、省教育厅、省中医药管理局有关学校汇报材料50余篇，为领导决策提供了有力参考。起草把关学校党委行政文件500余份，审核、把关、流转学校文件1000余份，确保学校政令通畅。合理顺畅高标准办会。做好了党委会、政工例会、第四次党代会、开学典礼、教师节大会、全面从严治党大会、省委、省政府领导来校调研等300余次重大活动的文字材料工作和会务服务工作；积极配合其他职能部门，做好湘药产业发展研究院揭牌、护理学专业认证等重大专项活动会务组织和文字材料工作。2019年、2020年年度考核优秀，2021年度民主评议党员为优秀

等次。

三、坚持"政治挂帅",提高自身素质

在工作之余,刘莉认真学习党务知识、业务知识,不断提升政治素养,优化履职能力。立项省级思政课题1项,撰写有关理论文章8篇,在《湖南日报》《新湘评论》发表理论文章3篇,参编著作3部《潇湘战歌》《坚定中医文化自信》等,获校级奖励8项,国家级、省级奖励7项。获学校微党课竞赛一等奖;获学校党建与思想政治工作征文一等奖;获全国中医药高等院校党建与思政工作征文一等奖,代表学校作会议交流发言;撰写的诗歌朗诵《战》,荣获2021年湖南省大学生艺术展演一等奖、全国大学生艺术展演一等奖,个人获优秀指导教师奖,是全国中医药院校中唯一获得一等奖的节目;负责撰稿的《战——湖湘中医战疫力量》获省委组织部组织评选的全省党员教育电视片二等奖。

热忱进取燃青春

——记信息科学与工程学院分工会委员李曼

人物名片:

李曼,女,1980年出生,本科学历、硕士学位,中国民主同盟盟员,湖南中医药大学信息科学与工程学院副教授。从教20年,任学院工会委员16年,曾任校女工委员3年。现任信息科学与工程学院民主管理委员、女工与青年委员。2010年被授予"湖南省青年教师教学能手"称号;2011年在工业和信息化人才教育与培养指导委员会举办的"首届医药信息知识大赛"获"优秀组织者"称号;2018

年获湖南中医药大学"2017—2018年度学校优秀女职工"称号；2019年建国七十周年之际被湖南省民盟委员会授予"优秀盟务工作者"称号；2020年指导学生获新华三杯全国大学生数字电子技术大赛一、二、三等奖，被授予"优秀指导教师"称号。2022年度获湖南中医药大学"优秀工会工作者"称号。

优秀事迹：

一、踏浪前行勤思政，融会贯通爱民生

作为一名民主同盟盟员，李曼非常关注时政与民生，关心国家的前途和命运。她积极参加学校、学院组织的各项政治学习活动，总能以积极向上、理性热忱、感恩进取的人生态度面对工作与生活，面对人生；她不断加强自身道德修养，提升政治素质，不断完善自我。透过"人类命运共同体"看中国的全球视野，崇尚大国担当的气概胸怀。党中央直面风险的强大执政能力与魄力，激发她强烈的政治责任感和创新进取心。她勤思政、爱民生，敢作为、肯担当，立足岗位、爱岗敬业，是新时代青年的标杆。

二、锐意进取乐奉献，工会创新倡齐心

李曼热情开朗的性格和乐于奉献的精神，使她从2006年起连续16年被同事和领导推选为学院工会委员。历经4次学院更迭不改初心（公共教学课部、人文信息管理学院、管理与信息工程学院、信息科学与工程学院），现任信息科学与工程学院分工会民主管理委员、女工委员与青年委员。她注重积累，16年来，她创建工会活动资料文件夹16个，存档记录的活动达34项，撰写各种工会活动策划方案13项，撰写并发表工会活动新闻稿十余篇，记录活动文稿1200余份，拍摄留存照片等素材近2800多张。

近5年在学院女职工庆"三八"妇女节活动中,她结合学院理工科专业背景,经常深入教职工中调研走访,根据女教师身心实际,以更高的效率、更细致贴心的服务,不断创新突破,将美学、人文、生活智慧,与繁杂琐碎的工作事务、枯燥生硬的学科知识糅合贯通,连续策划举办了深受学院同事好评的女工活动:花艺沙龙(插花)、服饰搭配、芳香脉轮与创"皂精彩"(制作精油香皂)、一手好字受益一生等,大大提升了同事们的职业归属感和幸福感,增强了同事们的凝聚力。

在近三年此起彼伏的疫情期间,她创新工作方式,高效推进活动落地:2020年策划举办全院线上"居家健身""亲子运动"等活动,精美的宣传文案、有趣的活动形式,温暖激励了全院职工积极抗疫、学生复学。作为学校教职工代表大会代表,她4次参加学校教职工代表大会,两次任教代会暨工会会员代表大会第6代表团秘书,收集整理建议和代表提案,撰写工作报告,热情为大家服务。

三、职能拓展多领域,立德树人燃青春

入职湖南中医药大学以来,她先后承担过11门课程教学(含巴基斯坦留学生全英文课1门);参加并获省级、校级、院级教学竞赛奖励10余项;任行业规划教材主编1部,副主编4部,其他教材及出版物任副主编5部,编委1部;获省级教改成果奖3项,校级教改成果奖3项。

日常繁重的教学、科研之余,她还被聘为民盟湖南中医药大学支部主委,学校教学督导团专家,学校特约监察员。在职场路上,不计回报、服从安排、尽职尽责。

2010年被授予"湖南省青年教师教学能手"称号;2011年在工业和信息化人才教育与培养指导委员会举办的"首届医药信息

知识大赛"中获"优秀组织者"称号；2018年获湖南中医药大学"2017—2018年度学校优秀女职工"称号；2019年被湖南省民盟委员会授予"优秀盟务工作者"称号，2020年指导学生获新华三杯全国大学生数字电子技术大赛一、二、三等奖，被授予"优秀指导教师"称号，同年，获第一届校党委出题党外调研活动一等奖；2018—2022年3次获评学院工会积极分子，2次获评学院优秀工会干部。2022年度获湖南中医药大学"优秀工会工作者"荣誉称号。

第三节　关于高等学校工会工作的思考

高等学校在履行管党治党责任和人才培养、科学研究、文化传承与创新、服务国家经济建设四大社会职能的同时，各级干部要深刻认识工会组织的功能和重要作用，充分利用工会组织密切联系群众、维护服务群众、凝聚人心的优势，重视工会干部队伍建设，高标准地服务教职工，适应新形势新任务的要求，推动高等学校工会干部"高能力"、工会服务"高标准"、工会工作"高质量"发展。

一、提高对工会工作的认识，推动新时代高等学校工会工作高质量发展

高等学校的形势在发展变化，但是，高等学校一部分干部和教职工对工会工作的认识还停留在过去传统的认知上，认为工会的职责就是发点福利、搞点文体活动，有的教职工甚至认为每年召开教职工代表大会都没有必要，征集代表提案更是多此一举，对工会工作从认识到行动，都跟不上新时代工运事业发展的步伐。因此，高等学校党委、各级各类干部要高度重视工会工作。要认真学习深刻领会习近平总书记关于工人

阶级和工会工作重要论述，认真贯彻落实党的群团工作会议精神、党的十九届四中全会精神、贯彻《工会法》《中国工会章程》《教育法》《教师法》，改变对工会职能传统的认知，提高对工会性质、目标任务、基本职责等的新认识。要把工会建设融入党的建设、融入依法治校的行动中，坚持工会理论武装，谋划推进工会改革，健全工会工作体制机制，激发工会活力，改善工会组织体系，加强工会财务管理和审计监督，提高工会资产管理效能，推动新时代高等学校工会工作高质量发展。

二、加强工会干部队伍建设，提高工会工作能力和水平

工会干部是党的干部队伍的重要组成部分，在高等学校，大多数工会干部由党政干部兼任，党政干部与工会干部身份的重叠和融合，便于联系和服务教职工群众。这一特点也带来工会干部繁重的工作负担，高等学校很多工会干部身兼数职，既是学术专家，承担教学科研任务，又是党政干部，承担管理一个部门或一个单位的任务，他的工会干部身份被摆在第三甚至更后的位置，工会干部的政治学习与方向引领、理论研究与实践探索、维护、服务教职工工作相对滞后，服务教职工群众的时间、精力、能力、水平相对弱化。再者，在高等学校，一般不专门设立工会干部权益保障金，工会干部履行职责作为一种奉献，在高等学校几乎达成共识。因此，坚持以党的政治建设为统领，加强高等学校工会系统党的建设，深化工会干部队伍建设，加强工会理论研究，提高工会干部的维权服务意识和工作能力势在必行。

三、建立高标准服务教职工体系，重点加强对青年教职工的帮扶

中国已进入中国特色社会主义新时代，中国经济的发展由高速发展阶段向高质量发展阶段转变，人民对美好生活的需求与渴望日益增强。高等学校是高级知识分子聚焦的地方，教职工需求多元化，对经济文化的需求、对民主自由的渴望、对自我价值的实现、对安全感幸福感存在感的追求尤其迫切。高等学校青年教职工是高等学校可持续发展的生力军，是完成高等学校立德树人根本任务的一支重要力量。高等学校青

年教师具有学历高、知识新、接收能力强、上进心强、创新能力强的优点,具有渴望成功的愿望;同时,他们又相对年轻、入职时间短、经济收入较低,而他们的教学科研服务的工作量、家庭负担的重量可不小,入职、购房、婚恋、生育、托儿、赡养父母等一系列现实问题摆在他们面前。因此,高等学校工会维护青年教师的合法权益,服务青年教师的成长、为他们排忧解难,是光荣而艰巨的任务,也是维权服务之重。高等学校工会只有尽快建立健全"联系广泛、高标准服务教职工的工会工作体系",满足教职工尤其是青年教职工对美好生活的需求,才能真正成为教职工之家。

参考文献

[1] 中共中央马克思恩格斯列宁斯大林著作编译局. 马克思恩格斯文集（第二卷）[M]. 北京：人民出版社，2009.

[2] 中共中央马克思恩格斯列宁斯大林著作编译局. 列宁全集（第二十四卷）[M]. 北京：人民出版社，1990.

[3] 中共中央马克思恩格斯列宁斯大林著作编译局. 列宁选集（第四卷）[M]. 北京：人民出版社，1996.

[4] 中华人民共和国第一届全国人民代表大会第一次会议文件[M]. 北京：人民出版社，1955.

[5] 中共中央文献研究室. 毛泽东文集[M]. 北京：人民出版社，1999.

[6] 中共中央党史和文献研究院、中央"不忘初心、牢记使命"主题教育领导小组办公室编. 习近平关于"不忘初心、牢记使命"论述摘编[M]. 北京：党建读物出版社、中央文献出版社，2019.

[7] 习近平. 习近平谈治国理政第二卷[M]. 北京：外文出版社，2017.

[8] 习近平. 习近平谈治国理政第四卷[M]. 北京：外文出版社，2022.

[9] 习近平. 习近平谈治国理政第一卷[M]. 北京：外文出版社，2018.

[10] 习近平. 习近平谈治国理政第三卷[M]. 北京：外文出版社，2020.

[11] 工人出版社编写组. 列宁·斯大林论工会[M]. 北京：工人出版社，1981.

[12] 张俊伟. 极简管理：中国式管理操作系统[M]. 北京：机械工业出版社，2013.

[13] 李兴山. 现代管理学[M]. 第2版. 北京：中共中央党校出版社，2002.

[14] 孙永正.管理学[M].北京：清华大学出版社，2007.

[15] 习近平.论党的宣传思想工作[M].北京：中央文献出版社，2020.

[16] 中华全国总工会、中共中央文献研究室.毛泽东、邓小平、江泽民论工人阶级和工会工作[M].北京：中央文献出版社，2002.

[17] 全国总工会课题组.新时代　新使命　新作为：深入学习贯彻习近平总书记关于工人阶级和工会工作的重要论述[M].北京：中国工人出版社，2021.

[18] 徐健.如何做好新形势下教育工会工作[M].北京：中国言实出版社，2017.

[19] 中共中央宣传部干部局组织编写.新时代宣传思想工作[M].北京：学习出版社，2020.

[20] 苟天林.中医药与中华文明简述[M].北京：中国中医药出版社，2019.

[21] 秦裕辉.榜样的力量[M].长沙：湖南人民出版社，2022.

[22] 李春湘.楷模[M].北京：化学工业出版社，2022.